JN298019

管理会計の
理論と実務

大手民鉄とゼネコンの
管理会計システム

片岡 健治

税務経理協会

は じ め に

　本書では，管理会計の先行研究について概観したあと，大手民鉄（民営鉄道事業）とゼネコン（総合建設業）の概要と管理会計システムについて論述している。筆者の実務経験や調査を踏まえてそれぞれの事業での管理会計システムの現状とその役立ちについて具体的に述べるとともに今後の課題についても検討している。また，実務に根差した管理会計の入門書として読めるように配慮している。

　経営環境が大きく変化する中で管理会計システムや経営管理手法の重要性が高まっているが，あらかじめ大手民鉄とゼネコンのそれぞれの事業の現状について要約するなら以下のとおりである。

　大手民鉄は都市部を中心に鉄道・バス事業をはじめ流通・不動産・ホテルなどの付帯事業を展開している。鉄道・バスの輸送人員は景気の変動による回復も期待できるが，少子高齢化による生産人口（労働力の中核とされる15歳以上65歳未満の人口層）の減少に伴い長期的には減少傾向にあり，付帯事業についても企業間競争の高まりにより厳しさを増している。一方，営業費用については，人件費や鉄道設備などに関わる減価償却費などの固定費が大部分を占めている。許認可事業である鉄道・バス事業の電力等の動力費についても，ダイヤどおりの運行が定められているため年間使用量は概ね決まっており固定的である。

　このように，営業収益が長期にわたって緩やかに減少する中で営業費用は固定的であるため，大手民鉄の経営政策は新規事業の展開や既存物件のリニューアルなどによる増収努力とともに安全性と品質を維持しつつ固定費の削減が中心になっており，収益と費用に対する管理会計からのアプローチが所要利益の確保のために重要になってきている。また，これまで金融機関からの借り入れや社債の発行により鉄道や付帯事業の施設を整備し，先行投資により集客に努めてきたので，総資産に占める固定資産や販売用不動産の比率とそれに見合う

有利子負債の比率が他の産業と比較して高いのも大手民鉄の特徴であり，設備投資と有利子負債の管理も重要な経営課題である。

一方，ゼネコンは受注産業であって，官庁やデベロッパーなどの施主から受注した土木工事やマンション，商業施設などの建築物件について，求められている品質を確保しつつ工期を厳守して施工を行っている。すなわち，ゼネコンは同業他社との競争により施主から受注した各物件について躯体や設備，内装などの各工事を各協力会社に競争入札により発注し，作業所での施工管理を通じて目標利益を確保している。このようにゼネコンの事業構造は，営業収益，営業費用ともに変動要因が大きく先に述べた大手民鉄の事業構造とは大きく異なっている。

また，ゼネコンを取り巻く経営環境は，官庁と民間事業者を合わせた建設投資全体で平成4年度の84兆円をピークに半減する中で，受注競争の激化や建設資材価格の高止まり，労務単価の上昇などが利益の圧迫要因となっており深刻な状況にある。こうした中で今後も存続，発展していくためには，価格競争力の向上による受注工事高と目標利益の確保に向けた取り組みが必要であり，工事原価管理の見直しをはじめとした管理会計からのアプローチが重要になってきている。さらに，ゼネコンは施工物件と引き替えに施主から工事代金を約束手形で受け取るので，施主に対する与信管理と債権保全策も重要な経営課題となっている。

筆者は，大手民鉄とゼネコンの管理部門に関わってきたが，さきに述べたようにそれぞれの事業を取り巻く経営環境の変化の中で管理会計の重要性を再認識している。経営の意思決定や経営計画・予算の策定，実行，業績評価のプロセスなどへのサポートが一層重要になっていると考えるからである。

本書では，筆者のこれまでの実務経験と公表してきた論文に基づいて，まず，第Ⅰ部では管理会計の先行研究について概観したい。つぎに，第Ⅱ部大手民鉄の管理会計システムでは，大手民鉄の概要と特徴について説明した後，その管理会計システムについて，大手民鉄に対して実施したアンケート調査の結果に

はじめに

触れながら述べたい。第Ⅲ部ゼネコンの管理会計システムでは，ゼネコンの概要と特徴について説明した後，ＰＤＣＡサイクルや原価企画の援用の試みなどについて述べたい。また，管理会計システムとともに健全なゼネコン経営の両輪と考えている「施主に対する与信管理と債権保全策」についても説明する。

　以上の論述において，大手民鉄とゼネコンにおける管理会計システムの現状と事業への役立ちをそれぞれの事業構造の違いと関連させながら述べる。また，管理会計システムの充実にとどまらず，経営環境が大きく変化する中で事業全体の抜本的な再編など将来想定される経営課題に対して管理会計からの積極的なアプローチが必要であると考えている。

　本書の執筆にはこれまで多くの方々のご指導とご支援をいただきました。筆者の恩師である学校法人立命館総長の川口清史先生をはじめ，特別講義の機会を与えて下さった帝塚山大学教授で公認会計士の佐藤雄一先生，朝日大阪税理士法人の田中裕先生，あずさ監査法人の谷口誓一先生にはいろいろとご指導をいただきました。大阪府立大学大学院サテライト教室では山本浩二教授に修士論文のご指導をいただきました。
　また，本書の出版に際して大阪市の樋口藤原法律事務所にアドバイスをいただきました。税務経理協会のシニアエディター峯村英治氏には最初の段階からたいへんお世話になりました。ここに心から謝意を表する次第です。
　最後に，本書を両親といつも心の支えとなっている妻と息子に捧げることをお許しいただきたい。

平成25年5月

片岡　健治

目　次

はじめに

第Ⅰ部　管理会計概説

第1章　管理会計の概要とPDCAサイクル……………3
　1　管理会計の理論と歴史………………………………4
　2　経営計画と予算のPDCAサイクル………………10
　3　経営組織と管理会計…………………………………14
　4　業績評価会計…………………………………………21
　5　バランスト・スコアカード…………………………28
　（参考1）　財務諸表分析………………………………33

第2章　コスト・マネジメント概説……………………39
　1　環境の変化に伴う管理会計手法の見直し＝インテグレーテッド・コストマネジメント……………………………40
　2　標準原価計算の特徴と限界…………………………41
　3　直接原価計算と損益分岐点分析……………………44
　4　経営環境の変化と原価企画…………………………46
　5　欧米の原価計算に関する近年の考え方と原価企画……48

第Ⅱ部　大手民鉄の管理会計システム

第3章　大手民鉄の概要と特徴 ……………………………… 53
 1　大手民鉄の概要と特徴 ……………………………… 54
 2　当社の概要と特徴 …………………………………… 60
 3　大手民鉄の新会計基準への対策と管理会計について ……… 67
 4　経営改革の方向性と管理会計について ………… 72

第4章　大手民鉄の管理会計システム ………………… 77
 1　経営計画及び予算の策定とPDCAサイクルの活用 ……… 78
 2　経営計画と予算における目標数値 ……………… 79
 3　各部門への責任利益の配賦 ……………………… 81
 4　グループ経営管理と権限委譲，撤退基準 ……… 83
 5　業績評価 …………………………………………… 85
 むすび ………………………………………………… 86

第5章　大手民鉄におけるバランスト・スコアカードの試み ……………………………………………… 89

 （参考2）運賃制度 …………………………………… 94

 （参考3）大手民鉄の経営戦略と組織 ……………… 97
  1　経営戦略論概説 ………………………………… 97
  2　大手民鉄の経営戦略と組織 …………………… 103

目　次

第Ⅲ部　ゼネコンの管理会計システム

第6章　ゼネコンの概要と特徴 …………………………………… 109
　　1　経営環境 ……………………………………………………… 110
　　2　事業構造 ……………………………………………………… 112
　　3　受注時粗利益 ………………………………………………… 113
　　4　大手ゼネコン5社の業績推移 ……………………………… 114
　　5　当社の事業概要と経営成績 ………………………………… 115

第7章　ゼネコンの管理会計システム ………………………… 123
　　1　経営計画・予算体系の充実 ………………………………… 124
　　2　原価企画の援用の試み―工事原価管理体系の改革― …… 128

第8章　施主に対する与信管理と債権保全策の制度化
　　　　　について―マンション建設を中心として― …………… 133
　　1　施主に対する与信管理 ……………………………………… 134
　　2　施主に対する債権保全策の制度化 ………………………… 135
　　む　す　び ……………………………………………………… 140

おわりに …………………………………………………………… 141

索　　引 …………………………………………………………… 143

第Ⅰ部
管理会計概説

　第Ⅰ部では「管理会計概説」のテーマで先行研究をレビューしたい。
　第1章の「管理会計の概要とPDCAサイクル」では、管理会計の理論と歴史を概観した後、経営計画と予算、経営組織との関連で管理会計をレビューする。続いて、業績評価会計とバランスト・スコアカードについて解説する。第1章は大手民鉄とゼネコンのどちらの管理会計システムの論述にも前提となるものである。
　第2章のコスト・マネジメント概説では、環境の変化に伴う管理会計手法の見直しについて述べた後、標準原価計算と直接原価計算、損益分岐点分析について概観する。続いて、原価企画と欧米の原価計算に関する近年の考え方について解説する。第2章のコスト・マネジメント概説は、第1章と同様に大手民鉄とゼネコンのどちらの管理会計システムの論述にも前提となるものであるが、とりわけ原価企画の考え方などはゼネコンには必要不可欠である。
　なお、参考文献は各節の末尾に記載のとおりである。

第1章
管理会計の概要とPDCAサイクル

　第1章では,「管理会計の概要とPDCAサイクル」のテーマで管理会計システムの論述の前提となる先行研究をレビューする。まず，1　管理会計の理論と歴史で概観した後，2　経営計画と予算のPDCAサイクル，3　経営組織と管理会計，4　業績評価会計，5　バランスト・スコアカードの各テーマでそれぞれ解説する。

第 I 部　管理会計概説

1　管理会計の理論と歴史

　管理会計は，経営戦略の策定など経営に関する意思決定や業績評価を支援する会計であり，経営管理者に経営計画書や予算書などの形で利用されている。管理会計は経営管理者に利用されるので法規制や報告書の要請もないのが特徴である。

　一方，財務会計は，財務諸表などを通じて投資家や債権者などの外部のステークホルダーに対して企業の財政状態や経営成績を報告することを目的としており，会社法や金融商品取引法などの法規制がなされている。

　管理会計の歴史の概要は図表 1 － 1 のとおりであるが，その端緒は，機械制大工業が一般的となった20世紀初頭のテイラーの「科学的管理法」における課業管理と動作・時間研究とされている。当時の管理会計は標準原価計算と予算管理が構成要素であり，標準値と実績値の差異を比較分析し問題点を発見する方法や，計画とコントロールをＰＤＣＡサイクル（Plan計画，Do執行，Checkチェック，Actionアクション）でつなぐ手法が考えられた。

　機械制大工業により生産性が著しく上昇するとともに資本の集中，集積がすすんだ1920年代には，標準原価計算や予算管理に加えて，業績評価指標として資本利益率が開発された。

$$
\begin{aligned}
\text{資本利益率：ＲＯＩ（return on investment）} &= \frac{\text{利益}}{\text{資本}} \times 100 \\
&= \underbrace{\frac{\text{利益}}{\text{売上高}}}_{\text{（売上高利益率）}} \times \underbrace{\frac{\text{売上高}}{\text{資本}}}_{\text{（資本回転率）}} \times 100
\end{aligned}
$$

　また，ダイナマイトのデュポン社が事業の多角化に伴い事業部制組織を導入し，ＧＭは事業部制組織とともに変動予算と業績評価システムを導入したとされている。

　1930年代にはいると，コストを固定費と変動費に区分した上で損益計算を行

第1章　管理会計の概要とPDCAサイクル

(図表1-1)　管理会計の理論と歴史のまとめ

	経営環境の変化と開発された管理会計手法
管理会計の端緒	機械制大工業が一般的となった20世紀初頭が端緒。 テイラーの「科学的管理法」における課業管理と動作・時間研究。標準原価計算と予算管理が構成要素。ＰＤＣＡサイクルの導入。
1920年代	業績評価指標として資本利益率が開発された。 　デュポン社が事業の多角化に伴い事業部制組織を導入。 　GMは事業部制組織とともに変動予算と業績評価システムを導入。 　　資本利益率：ＲＯＩ＝$\dfrac{\text{利益}}{\text{資本}}\times 100 = \dfrac{\text{利益}}{\text{売上高}} \times \dfrac{\text{売上高}}{\text{資本}} \times 100$
1930年代	直接原価計算。Ｃ－Ｖ－Ｐ分析により収益構造が明らかに。 　限界利益は売上高の変動による影響が大きいので，資本主義が発展し企業間競争が激しくなりはじめた時代の経営者の感覚と合致。 　また，資本と経営の分離の中で短期の意思決定に効果的。標準直接原価計算。
1940年代以降の第二次大戦後	資本投資の意思決定に用いられる割引キャッシュフロー法や投資有効性指標として残余利益などが開発された。機械制大工業による生産力の向上と資本主義の発展は，少品種大量生産による激しい企業間競争を引き起こし，営業量と利益を重視した経営管理手法と管理会計を必要にした。
1980年代以降	資本主義社会は成熟段階。 　顧客ニーズの多様化と顧客ニーズそのものの短命化により少品種大量生産から多品種少量生産へ移行。グローバリゼーションや高度情報化。 　こうした経営環境の変化に伴い，伝統的な管理会計手法である標準原価計算や直接原価計算，予算管理に加えて，新しい管理会計の知識が必要。 　(1)　原価企画 　(2)　ＡＢＣ（アクティビィティ・ベースト・コスティング） 　(3)　価値連鎖分析 　(4)　品質原価計算 　(5)　ライフサイクルコスティング 　(6)　ＢＳＣ（バランスト・スコアカード） などが開発された。

う直接原価計算が開発され，貢献利益の計算が可能になっただけでなく，それによりコスト，営業量，利益の相互関係の分析，Ｃ－Ｖ－Ｐ分析により収益構造を表すことが可能になった（加登　豊，1999年）。

直接原価計算は，まず，原価を変動費たる直接原価と固定費たる期間原価に区分し，売上高から直接原価を差し引いて限界利益を算出し，そこから期間原価を差し引いて営業利益を算出する。棚卸資産原価は固定製造原価の分だけ少なくなる。限界利益は売上高の変動による影響が大きいので，資本主義が発展し企業間競争が激しくなりはじめた時代の経営者の感覚と合致しており，また，資本と経営の分離の中で短期の意思決定に効果的と考えられる。

標準直接原価計算は，標準原価計算と直接原価計算とが結合して作られた原価計算方式である。標準原価計算は能率管理を主目的に発展したが，直接原価計算は上記のように利益計画に役立つ。標準直接原価計算は，コストコントロールと利益計画の機能を合わせ有している。

1940年代以降の第二次大戦後には，投資に対するリターンが重視され資本投資の意思決定に用いられる割引キャッシュフロー法や投資有効性指標として残余利益などが開発された。

機械制大工業による生産力の向上と資本主義の発展は，少品種大量生産による激しい企業間競争を引き起こし，営業量と利益を重視した経営管理手法と管理会計を必要にしたといえる。

しかし，1980年代以降では資本主義社会は成熟段階を迎え，大きく変容しはじめた。これまでの大量生産と産業構造の高度化を目標としていた経済社会は，顧客ニーズの多様化と顧客ニーズそのものの短命化により多品種少量生産へ移行した。また，グローバリゼーションや高度情報化などを特質とする社会へと変化した。こうした変化は，以下のとおり，これまでの管理会計手法の見直しを余儀なくさせている（小林哲夫，1993年他）。

顧客ニーズ，価値観の多様化による少品種大量生産から多品種小ロット生産への移行とそれに伴う市場志向性の増大は，顧客ニーズの的確な把握を必要とし，伝統的な標準原価管理の方法もそれに伴い変化することを迫られた。また，

多品種小ロット生産は，より一層のＦＡ化を必要とすることにより原価構成を変化させた。すなわち，製造開発技術の著しい進展に伴い，直接労務費の減少と間接費の増大を導き，標準原価計算の意義を低下させた。あるいは，企業間競争の国際的展開やグローバリゼーションは，地球環境や資源，市場の制約の中での競争の激化を伴い，経営の効率化に向けて管理会計の対象範囲を取引先や系列会社，関係会社へと拡大，深化させている。

こうした経営環境の変化に伴い，伝統的な管理会計手法である標準原価計算や直接原価計算，予算管理に加えて，新しい管理会計の知識の必要性が高まっており，①原価企画，②ＡＢＣ（アクティビィティ・ベースト・コスティング），③価値連鎖分析，④品質原価計算，⑤ライフサイクルコスティング，⑥ＢＳＣ（バランスト・スコアカード）などが開発された。これらは原価管理を企業活動の全プロセスを対象に統合的に実施されるもので概要は以下のとおりである。

①原価企画は「原価発生の源流に遡って，ＶＥなどの手法をとりまじえて，設計，開発さらには商品企画の段階で原価を作り込む活動」とされる。試作設計図が書かれると原価低減の幅が実質的に決まってしまうので，それ以前の段階で原価低減活動を行った方が効果が高まるとの認識による。製造現場での原価削減の成功は，原価削減の対象を新たに設計，開発，さらに商品企画へと上流にシフトさせることにより達成される。また，製品ライフサイクルの短縮化に対しても，原価企画段階で原価に対して配慮することが信頼性と採算性にとって重要である。わが国において原価企画が注目を集めている。

②1980年代に注目を受けるようになったＡＢＣは，間接費の合理的な算定を通じて製品戦略，原価低減および予算管理への活用を目的としている。これまでの原価計算では直接作業時間などの操業度関連の配賦基準で間接費を製品に配賦していたが，ＡＢＣでは「製品が活動を消費し，活動が資源を消費する」という基本理念により原価が計算される。消費された資源は，資源作用因（driver）を用いて部門ではなく活動に集計され，また，集計された活動から原価作用因（driver）で原価計算対象に割り当てられる。従来の操業度関連の配賦基準では実際に手間のかかる多品種小ロット生産品に少ない間接費しか配

賦されていなかったが，多品種小ロット生産が拡大する中でそうした弊害は排除される。また，ＡＢＣは製品の生産に必要な活動を媒介として活動原価と活動消費量を測定するだけではなく，それらの情報により製品原価低減の多様な可能性をみいだすことを目的としている。

③戦略的コスト・マネジメントでは原材料供給者から製品の最終消費者に至るまでの価値連鎖の中に原価低減や価値創造の可能性があるとしており，シャンク＝ゴヴィンダラジャンをはじめとした研究者によって指摘されている。

④品質原価計算は，予防原価と評価原価，内部失敗原価，外部失敗原価に品質原価を分けて，それらの測定と伝達により品質改善と品質原価低減に役立てるものである。予防原価とは生産前に品質の劣る商品やサービスの提供を予防する教育や訓練を実施するための原価であり，評価原価は生産中に仕様に合っているかどうかを検査したりテストをするための原価である。内部失敗原価とは顧客への引き渡し前に発生する仕損などにかかる原価であり，外部失敗原価は販売後の不良品による返品や値引きなどにかかる原価である。

⑤ライフサイクル・コスティングの研究は米国防省で始まったが，民間企業においても消費者の要請や環境保護，資源のリサイクル化の観点から，物品の取得コストと使用コスト，破棄コストを最小化することが課題である。

⑥バランスト・スコアカードは，業績評価の方法が財務に偏りすぎていたことに対する反省から開発された。バランスト・スコアカードは，一連の因果連鎖をもっている(a)財務，(b)顧客，(c)業務プロセス，(d)従業員の学習と成長の４つの視点から企業の業績を評価するが，現在では経営戦略の策定や事業活動の遂行を支援するツールとしても評価されている。

以上のように，標準原価計算と予算管理を端緒とする管理会計は資本主義の発展とともに多様な展開をみせている。今後も，管理会計の精度化と対象範囲の拡大がすすむと考えられる。

第1章　管理会計の概要とPDCAサイクル

【参考文献】

加登　豊（1999）『管理会計入門』日本経済新聞社　15－18頁
　　　　　　管理会計の起源について述べた後で，1930年代に直接原価計算が開発されたとしている。また，管理会計の入門書として適しており，全般について参照した。

小林哲夫（1993）『現代原価計算論』中央経済社
　　　　　　1980年代以降の管理会計の手法の見直し全般について以下の参考文献とともに参照した。

溝口一雄責任編集（1979）『体系近代会計学Ⅳ』（業績評価会計）中央経済社
櫻井通晴（2004）『管理会計（第三版）』同文舘出版
浅田孝幸（2002）『戦略的管理会計』有斐閣
田中隆雄（2002）『管理会計の知見（第2版）』森山書店
門田安弘編著（2003）『管理会計学テキスト（第3版）』税務経理協会
岡本　清・廣本敏郎・尾畑　裕・挽　文子（2003）『管理会計』中央経済社
加登　豊・山本浩二（1996）『原価計算の知識』日本経済新聞社
伊藤嘉博・小林啓孝編（2001）『ネオ・バランスト・スコアカード経営』中央経済社
櫻井通晴（2003）『バランスト・スコアカード―理論とケーススタディ―』同文舘出版
山口正之（1984）『現代社会経済学』青木書店

2 経営計画と予算のPDCAサイクル

本節では、管理会計の基本的事項である「経営計画と予算のPDCAサイクル」について述べる。経営管理のプロセスは、図表1－2のように経営戦略に基づき経営計画・予算を策定し、実施し、フォローアップによって業績を評価するとともに計画にフィードバックされるシステムであり、経営環境の変化により必要性に応じて計画は是正される（櫻井通晴、2004年）。

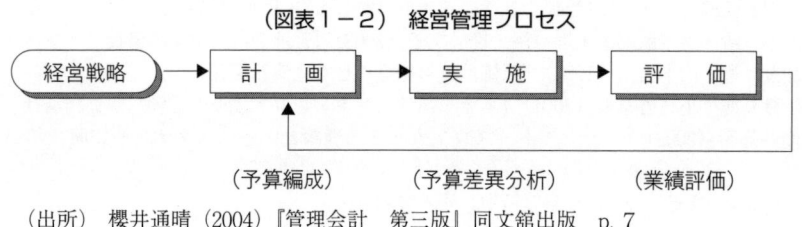

（図表1－2）　経営管理プロセス

（出所）　櫻井通晴（2004）『管理会計　第三版』同文舘出版　p.7

経営計画は経営戦略を数字によって裏付けたものであり、また、単年度予算は経営計画を受けて策定される総合計画である。いずれも全事業、部門別、施設別、関係会社別にきめ細かく策定する必要がある。経営計画と予算の策定方針はトップダウンで決定されるのが一般的であり、策定過程においては、スタッフ部門と各部門・各関係会社との間の調整と査定が必要である。

以下の図表1－3は、実務で筆者が利用している収支、資金及び設備投資に関する①経営計画と②単年度予算の編成からフォローアップにいたるPDCAサイクルを示している。まず、経営計画・予算の策定方針が常務会と取締役会で決議された後、経営企画部や経理部などのスタッフ部門が各部門と各関係会社に経営計画や予算の策定を指示する。各部門・各関係会社は統括している各部署との間で経営計画や予算の策定について調整と査定を繰り返し、同時に、スタッフ部門と各部門・各関係会社との間でも調整と査定を繰り返す。その結果、策定された経営計画や予算は常務会と取締役会で決議されるが、実施に際

第1章　管理会計の概要とPDCAサイクル

(図表1－3)

① 経営計画のサイクル（連結ベースの収支，資金，設備投資計画）

常務会・取締役会	経営企画部・経理部	各部門・各関係会社	各部署
3か年経営計画策定方針の決定	目標利益の策定と→各部門への配賦。各関係会社へ策定を指示。	→各部署へ3か年経営計画の策定を指示	→作成 ↓
3か年経営計画の決定（1年毎にローリング）	←各部門，関係会社の提出ベースを集計。査定と調整。	←各部署の提出ベースを集計。→査定と調整。	↓ ←
↓ →	→フォローアップ（1か月毎に実施）	→ ←	→ ←

② 単年度予算のサイクル（連結ベースの収支，資金，設備投資予算）

常務会 取締役会	経営企画部門 経理部門	各部門 各関係会社	各部署
3か年経営計画の決定→単年度予算編成方針の決定	3か年計画に基づく→目標利益を各部門に配賦。関係会社へ予算策定を指示。	→各部署へ予算策定を指示	→作成 ↓
単年度予算の決定 ↓ ↓	←各部門，関係会社の提出ベースを集計。査定と調整。	←各部署の提出ベースを集計。→査定と調整。	↓ ← →
→	→フォローアップ（1か月毎に実施）	→ ←	→ ←

してはスタッフ部門が各部門・各関係会社に対してフォローアップし，差異が生じた場合は是正措置をとることが重要である。

　上記の①と②のサイクルは，シングルループ・フィードバックのプロセスを示しており，当初に意図した経営戦略に基づき経営計画・予算を実行し，診断

するシステムである。

　シングルループ・フィードバックのシステムは経営戦略をサポートする管理会計の通説であるが，経営環境の変化に応じて経営戦略の管理と経営計画・予算の管理の相互作用が重要になってきている。経営戦略を策定した時に意図しなかった状況が生じた場合，現場の管理者や監督者からの報告を通じて経営戦略の是正措置をとる必要があり，そのためには経営戦略と予算の両方をコントロールするダブルループ・フィードバックのシステムが重要になってきている。また，アウトプットが発生する前の段階でアウトプットを予測し，アウトプット目標が未達であるなら，インプットかプロセスを修正するか，アウトプット目標そのものを修正するフィードフォワードのシステムが提起されている（櫻井通晴，2004年．丸田起大，2004年）。原価企画やバランス・スコアカードなどである。

　経営計画と予算のPDCAサイクルの概要は上記のとおりであるが，管理会計の最も基本的な項目である（図表1-4）。

【参考文献】
　櫻井通晴（2004）『管理会計　第三版』同文舘出版　pp. 6 - 8　pp. 118-122
　丸田起大（2004）「戦略経営と管理会計-フィードフォワード・コントロールの視点から-」『管理会計学』　Vol. 12　No. 2
　谷　武幸（2011）『エッセンシャル管理会計（第2版）』中央経済社

第1章　管理会計の概要とPDCAサイクル

(図表1－4)　経営計画と予算のPDCAサイクルのまとめ

項　　目	内　　　容
経営管理のプロセス	経営戦略に基づき経営計画・予算を策定，実施し，フォローアップによって業績を評価するとともに計画にフィードバックされるシステムであり，経営環境の変化により必要性に応じて計画は是正される。
経営計画と予算	経営計画は経営戦略を数字によって裏付けたものであり，また，単年度予算は経営計画を受けて策定される総合計画である。いずれも全事業，部門別，施設別，関係会社別にきめ細かく策定する必要がある。策定方針はトップダウンで決定されるのが一般的であり，策定過程においては，スタッフ部門と各部門・各関係会社との間の調整と査定が必要である。
シングルループ・フィードバックとダブルループ・フィードバックのシステム	シングルループ・フィードバックのシステムとともに経営戦略を策定した時に意図しなかった状況が生じた場合，経営戦略と予算の両方をコントロールするダブルループ・フィードバックのシステムが重要になってきている。
フィードフォワードのシステム	アウトプットが発生する前の段階でアウトプットを予測し，アウトプット目標が未達であるなら，インプットかプロセスを修正するか，アウトプット目標そのものを修正するフィードフォワードのシステムが提起されている。

3 経営組織と管理会計

協業と分業の発展は生産性を向上させてきたが，経営組織の観点では事業部制や社内カンパニー制，あるいは子会社化などをすすめてきた。経営環境の急速な変化に対して，経営組織を発展させるとともに責任と権限を明確にし，経営計画や予算の策定から業績評価にいたるプロセスを如何に実施していくかという視点は重要である。本節では，経営組織の発展と管理会計の視点で先行研究をレビューしたい。

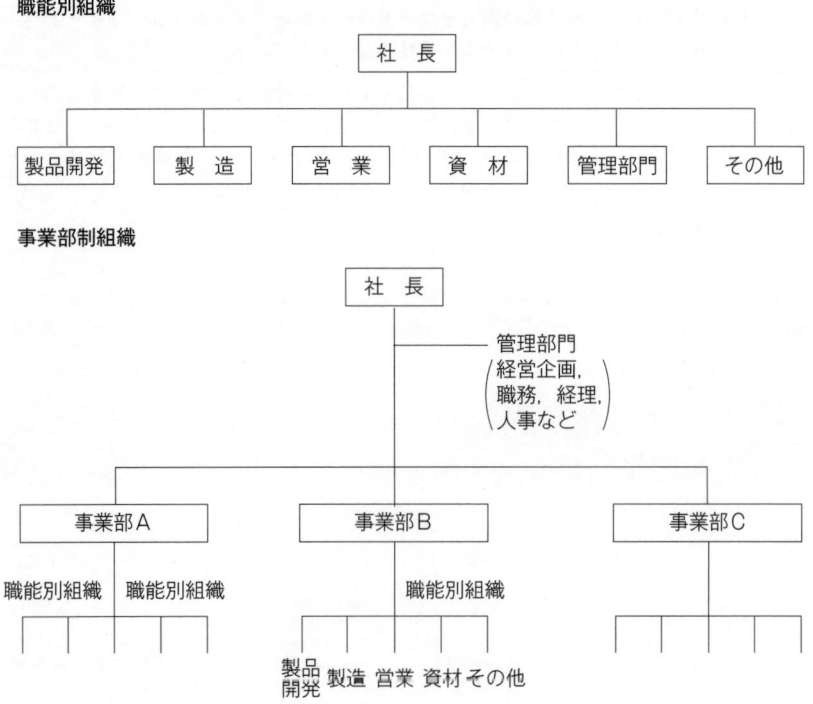

(図表1－5) 職能別組織と事業部制組織

(1) 事業部制への移行

　経営環境の複雑化や不確実化に伴い経営組織も職能別部門組織から事業部制組織に移行してきている（図表1－5）。職能別部門組織における各部門は，原価を管理する部門や収益を管理する部門からなり，コスト・センターまたはレベニュー・センターと呼ばれている。各部門の管理者は，標準原価や予算などに対する実績との比較によって評価をされている。職能別組織から事業部制組織への移行は，利益を管理する複数の部門から構成された組織への移行という意味をもっている。そうした意味で，事業部制組織における各部門は利益計算の単位となるので，プロフィット・センターと呼ばれている。プロフィット・センターの管理者は利益に対して管理するとともにその達成度に応じて評価されることになる。また，プロフィット・センターの管理者は短期利益計画の権限は委譲されているべきであるが，さらに，市場の状況に応じた意思決定の責任も有していると考えられる。

　事業部門の管理者は，事業部制組織が進展するとともに利益だけでなく利益獲得に使用される事業部使用資本に対しても影響力をもつようになり，利益と事業部使用資本の両方で総合的に評価されるようになる。アンソニー等は，このような段階での事業部をプロフィット・センターと区分してインベストメント・センターと呼んでいる。

　事業部制組織においては，権限委譲によりトップ・マネジメントの負荷は軽減され，全社的総合調整の必要性は低下するが，完全に独立な組織単位に分化するわけではなく，各事業部門における投資や長期利益計画，短期利益計画に関する分権的意思決定は，本部において総合調整を受けることになる。また，事業部間の相互依存性ならびに事業部の本部・共通部門に対する依存性が残されるので，このような関係の管理には，意思決定の分権化とは逆に，組織全体への統合化が必要とされる（谷　武幸，1983年）。

(2) 事業部業績の測定

事業部制組織への移行に伴い，事業部業績の測定が事業部業績の評価とともに重要になっている（谷　武幸，1983年他）。まず，事業部売上高から事業部変動費を控除すると事業部限界利益が得られる。事業部限界利益は売上高の変動による影響が大きいので，事業部の管理者が短期利益計画の意思決定をする際に適した情報となる。事業部限界利益から管理可能固定費を控除したものが管理可能利益（短期業績差益）である。管理可能固定費は水道光熱費や修繕費など当該事業部に帰属可能な固定費で，事業部管理者はその発生額に影響を及ぼしうる費用である。管理可能利益から管理不能事業部固定費を控除したものが事業部貢献差益であり，さらに本部費・共通費配賦額を控除したのが事業部純利益である。

```
事業部売上高
 －　事業部変動費
     事業部限界利益
 －　管理可能固定費
     管理可能利益（短期業績差益）
 －　管理不能事業部固定費
     事業部貢献差益
 －　本部費・共通費配賦額
     事業部純利益
```

(3) 本部費・共通費の配賦

本部費・共通費については，事業部管理者は管理可能性を有していない。しかしながら，配賦基準量と配賦率の両方に予定数値を用いた予定一括配賦の方法で各事業部に配賦することにより，固定的な金額として配賦されるので管理不能な要因を除去できる。また，全社的な短期利益を確保するためにも，本部

費・共通費を回収した上で事業部純利益を確保するように事業部管理者に伝達することは重要である。

プロフィット・センターよりも進んだインベストメント・センターでは，事業部管理者の業績指標として事業部使用資本利益率を用いることが考えられるが，短期の利益業績と長期的な投資業績が総合的に評価される。そこでは，既投資額と新規投資額を合わせた事業部使用資本全体に対する業績評価となる。このことから，事業部使用資本利益率による業績の測定は，長期的な観点を含んでいると考えられる。

また，使用資本の調達コストとしての金利についても，本社費・共通費の配賦と合わせて事業部へ配賦する必要がある。事業部が独立会社であるなら，使用資本の調達コストも事業にかかるコストである。経営環境の複雑化，不確実性に伴い事業部の分化と自己充足性が高まるので，業績管理においても使用資本の調達コストとしての金利を控除後の事業部利益を業績指標として市場への適応を図っていく必要があると考えられる。資本調達コストについては，社内金利制度の導入と同様に社内資本金制度を導入することによって負担をしていく必要がある。業績管理は，配賦後利益の重視から社内金利制度，社内資本金制度の採用へと移行していくと考えられる（谷　武幸，1987年）。

(4) 事業部制の長所と短所

事業部制組織の長所と短所として以下の点が言われている（櫻井通晴，2004年）。まず，事業部制の長所としては，次の5点があげられる。

① 事業部長および事業部管理者は事業部の情報に精通することができるので，適切かつ迅速な意思決定を行うことができる。
② 利益責任を明確化することによって，事業部長および管理者にトップと同じ意識を与え，やる気を起こさせる。
③ 意思決定責任を分散することによって，本社のトップ・マネジメントは，戦略的な意思決定に十分な時間を割くことができる。
④ 事業部長が事業部の全般的な利益責任を負わされることになるので，将

来，トップ・マネジメントになるための総合的な訓練の場となる。
⑤ 管理者の業績が明確になる。ただし，事業部の業績評価のためには責任会計制度の導入が必要である。

また，事業部制の短所としては，次の4点があげられる。
① 責任と権限の重複に適切な処置がなされないと，管理費用が余分にかかる。
② 事業部間の協調を欠くときは無駄が生じ，分権化がうまくいかない。
③ 責任会計制度が適切でないと，資源配分や業績評価が難しくなる。
④ セクショナリズムや部分最適化が生じやすい。とされている。

事業部制にはこのように長所と短所が存在するが，経営環境の複雑化と不確実化に伴い事業部制の長所が評価されており，事業部制を採用する企業は増加傾向にある。

(5) 社内カンパニー制

社内カンパニー制導入の理由として，以下のことが言われている。1つは，市場の成熟化，グローバル化の進展，さらなる規制緩和などによって市場競争が激化している環境のもとでは，本社による調整に時間をかけていてはビジネスチャンスを失う可能性が高くなってきたため，権限を今まで以上に組織部分単位に委譲して俊敏な経営を行う必要が出てきたこと。もう1つの理由は，将来，持株会社への移行する中間形態との見方である（加登　豊，1999年）。

カンパニーそれぞれが損益計算書に加えて貸借対照表をもっており，カンパニー長は，収支に加えて資産と負債の管理と評価，投資利益率などの資産効率も勘案する必要がある。カンパニーは投資中心点になり，投資責任までを負う。また，社内資本金とともに社内借入金ももっているので，営業と投資についてキャッシュフローにも配慮する必要がある。

また，1998年秋以来実施されている，わが国産業界をリードする企業の『社内カンパニー制に関する実態調査』によると，社内カンパニー制への移行の理由は，調査の大きな順から「意思決定の迅速化」，「分権化の推進のため」，「自

己完結性の徹底」,「業績評価の厳密性」,「管理階層の少数化」となる（市村巧, 2000年）。各カンパニーの業績評価基準としては，一般的には「経常利益」を採る会社が多い。これに次いで「ＲＯＡ」,「営業利益」,「税引き後当期純利益」,「ＲＯＥ」,「売上総利益率」の順で重要視されている（木村幾也, 2000年）。

　各社内カンパニーは，独立した会社と見立てて社内資本金や社内借入金をもっているのだから，業績評価基準は経常利益ではなく資本コストを含むすべてのコストを控除した税引き後利益や「ＲＯＡ」,「ＲＯＥ」にすべきである。カンパニーに対する権限と責任の委譲が拡大し，自立的な組織になるに従い，これらの下位単位をひとつの組織として統合するためのマネジメント・コントロール・システムをいかに構築するかが重要である（高橋邦丸, 2000年）。

　本節では，経営組織の発展と管理会計の視点で事業部制や社内カンパニー制などの先行研究をレビューしてきた（図表1-6）。次節では，業績評価会計について概説する。

【参考文献】
　谷　武幸（1983）『事業部業績管理会計の基礎』国元書房　事業部制組織や事業部業績の測定，本社費・共通費の配賦など本節の全般について参照した。
　谷　武幸（1987）『事業部業績の測定と管理』税務経理協会　事業部制組織や事業部業績の測定，本社費・共通費の配賦など本節の全般について参照した。
　櫻井通晴（2004）『管理会計（第三版）』同文舘出版　事業部制の長所と短所については，p.63を参照した。
　加登　豊（1999）『管理会計入門』日本経済新聞社　pp.38-45　カンパニー制の特色については，pp.175-179を参照した。
　小林哲夫（1993）『現代原価計算論』中央経済社
　木村幾也（2000）「社内カンパニー制における管理会計情報」
　　　　　　　　『企業会計』Vol.52　No.8　中央経済社
　市村　巧（2000）「カンパニー制における社内貸借対照表」
　　　　　　　　『企業会計』Vol.52　No.8　中央経済社
　高橋邦丸（2000）「社内カンパニー制におけるマネジメント・コントロール・システム」
　　　　　　　　『企業会計』Vol.52　No.8　中央経済社
　廣本敏郎（2004）「戦略的管理会計論―伝統的管理会計論との対比―」
　　　　　　　　『管理会計学』Vol.12　No.2　日本管理会計学会

（図表1－6） 経営組織と管理会計のまとめ

項　　目	内　　容
事業部制組織	事業部制組織の各部門はプロフィット・センターと呼ばれ，その管理者は利益に対して管理するとともに達成度に応じて評価される。また，管理者は短期利益計画の権限は委譲されているべきであり，市場の状況に応じた意思決定の責任も有している。事業部門の管理者は事業部使用資本に対しても影響力をもつようになり，このような段階での事業部をインベストメント・センターと呼んでいる。 　各事業部門における投資や長期利益計画，短期利益計画に関する分権的意思決定は，本部において総合調整を受ける。また，事業部間の相互依存性ならびに事業部の本部・共通部門に対する依存性が残されるので，組織全体への統合化が必要とされる。
事業部業績の測定と本部費・共通費の配賦	事業部業績の測定が事業部業績の評価とともに重要になっている。本部費・共通費については，予定一括配賦の方法で各事業部に配賦することにより，固定的な金額として配賦されるので管理不能な要因を除去できる。また，本部費・共通費を回収した上で事業部純利益を確保するように事業部管理者に伝達することは重要である。 　プロフィット・センターよりも進んだインベストメント・センターでは，短期の利益業績と長期的な投資業績が総合的に評価される。事業部使用資本利益率による業績の測定は，長期的な観点を含んでいると考えられる。 　また，資本調達コストについては，社内金利制度と同様に社内資本金制度を導入することによって負担をしていく必要がある。業績管理は配賦後利益の重視から社内金利制度，社内資本金制度の採用へと移行していくと考えられる。
事業部制組織の長所と短所	事業部制には長所と短所が存在するが，経営環境の複雑化と不確実化に伴い事業部制の長所が評価されており，事業部制を採用する企業は増加傾向にある。
社内カンパニー制	社内カンパニー制導入の理由として，市場競争が激化している環境のもとで，権限を組織部分単位に委譲して俊敏な経営を行う必要が出てきたこと。もう1つは，将来，持株会社への移行する中間形態との見方である。 　カンパニー長は，収支に加えて資産と負債の管理と評価，投資利益率などの資産効率も勘案する必要がある。カンパニーは投資中心点になり，投資責任までを負う。また，社内資本金とともに社内借入金ももっているので，営業と投資についてキャッシュフローにも配慮する必要がある。

第1章　管理会計の概要とPDCAサイクル

4　業績評価会計

　これまで,「1　管理会計の理論と歴史」で管理会計の概要を踏まえたあと,その基本的事項である「2　経営計画と予算のPDCAサイクル」と「3　経営組織と管理会計」の各テーマで述べてきたが,最近の経営環境の急激な変化の中でフォローアップと業績評価が重要性を高めている。本節では,その意義や業績評価の方法などについて先行研究をレビューしたい。

　経営計画と予算の編成からフォローアップにいたるサイクルの中で,フォローアップと業績評価が重要性を高めている（櫻井通晴,2004年他）。日本企業のこれまでの業績評価の特色として,まず,個別的な評価ではなく総合的な評価が一般的である。第2に業績評価の結果を個人の報酬と連動させることは少ない。第3に財務的な業績評価の基準は売上高,経常利益などが中心で投資利益率などの効率性の指標で評価する企業は少ないとされている。

　また,こうした日本企業の業績評価の長所として,第1に,投資をすれば短期的には利益率が下がるが,投資利益率などの指標で評価されないので長期的な視点で経営が行える。第2に,個別的ではなく総合的な評価が一般的であるので,取り組み姿勢や品質管理などについて協業のプラス面があらわれ,すぐれた品質が確保できる。第3に,長期的な視点で経営することにより経営者の養成ができる。欠点として,あいまいな基準によっているために個人の業績と報酬を明確に連動できず,個々の能力を十分に引き出すことができないとされている。

　日本企業の業績評価には,以上のような特色と長所,短所があるとされているが,株主重視と連結重視の今後の業績評価は,これまでのものから変容せざるをえない。新しい業績評価の特徴としては,第1に,株主重視の中で財務尺度については売上高や経常利益よりも配当を考慮した当期純利益が重要である。加えて,後述のEVAなどの指標の導入も課題である。第2に,管理会計では連結情報以上に個別企業の情報とセグメント情報が重要である。連結ベースの

業績向上のためには,個別企業の業績向上が必要であるし,また,連結経営は究極的には個別企業のセグメント別情報を求めている。したがって,全事業,部門別,施設別,物件別,関係会社別などのきめ細やかな管理と評価が必要になるのである。第3に,キャッシュフロー情報の重要性が高まる。会計処理の中には減価償却費の計算方法や棚卸資産の払い出し単価の決定と原価配分の方法など継続適用を前提に複数の方法が認められているものがあり,会計上の利益は選択した会計処理方法の影響を受ける。したがって,そうした影響を受けないキャッシュフローを合わせてチェックする必要がある。最後に年功序列から能力主義への変化に伴い個人の報酬と連動させる必要があるとされている。業績評価会計と人事管理制度の連動が各階層別,各個人別に必要であり,関係会社の管理と評価も同様である。

以下においては①EVAによる業績評価,②キャッシュフローによる業績評価,③設備投資に関する業績評価について述べたい。また,業績評価の概要については図表1－7のとおりである。

(1) EVAによる業績評価

東証1部上場企業に対するアンケート調査によると,日本企業の業績評価の方法として約4割が純利益額をあげ,続いて売上高利益率,売上高,社内金利控除後利益の順になっている。事業間の業績について比較をする場合,利益額のみの比較では使用資産が異なるので意味がなく,利益を得るのに使用した資産の効率性の測定によってはじめて可能になる。利益と使用資産の関係をみる指標としてあげられるのが,ROA（総資本利益率）,ROI（投下資本利益率）,RI（残余利益）,EVA®（Economic Value Added経済的付加価値）などである（門田安弘他,2003年）。なお,EVA®は米国のスターンスチュアート社が開発した登録商標である。

アメリカの業績評価の特徴は株主を一義的に考え,また,個人の業績と報酬が連動しているために短期的な財務業績が過度に強調される傾向があったとされている。多く使われた財務尺度は投資利益率であり,収益性だけでなく資本

回転率も考慮できるが，積極的な投資活動は利益率を低下させ経済を沈滞化させると批判された。その後，残余利益を業績評価尺度にすべきであると主張された。投資利益率と残余利益の計算式は以下のとおりである。

① 投資利益率 $=\dfrac{\text{利益}}{\text{投資額}} \times 100$

$\qquad\qquad\quad = \dfrac{\text{利益}}{\text{売上高}} \times \dfrac{\text{売上高}}{\text{投資額}} \times 100$

② 残余利益＝管理可能利益－資本コスト

資本コストは加重平均資本コストが望ましいとされ，株式に対する配当，借入金利息および留保利益に対する機会原価（資金を他の目的に投下したら得られるであろう利益）が含まれる。したがって，経常利益と残余利益とは大きな違いがあり，配当金を含む資本コストを用いているアメリカの残余利益の概念は株主重視である。

1990年代になると，アメリカの業績評価に2つの方法が現れた。1つは，投資利益率に代わって残余利益の発展形ともいえるＥＶＡが用いられるようになった。いま1つは財務に偏りすぎていた実務への反省からバランスト・スコアカードが用いられるようになってきた。ＥＶＡは「残余利益，ないし営業利益から資本の利用に対する費用を差し引いたもの」である。また，ＥＶＡの意義は企業の価値と連動していることであり，株主が期待する利益を評価基準にしている点で株主重視である。計算式は以下のとおりである。

ＥＶＡ＝税引後営業利益－｛加重平均資本コスト率×（総資産－流動負債）｝

ＥＶＡを日本企業に適用することについての問題点として以下のことが言われている（櫻井通晴，2004年）。まず，株主重視は大切であるが，ＥＶＡだけの適用では従業員，経営者，金融機関などが軽視されないか。第2に，日本企業は借入比率が高いので，株主のためだけにＥＶＡを適用してよいのか。第3に，日本の資本市場は非効率であるのでＥＶＡは企業価値や株価に反映されない。第4に，投資効率が悪化している現代の日本企業にＥＶＡを適用すると，マイ

ナスの企業が続出する計算上の問題点がある。第5に,資本コストの計算には,正味運転資本(流動資産－流動負債)の考え方が使われるが,日本企業の運転資本というのは,現金・現金同等物であるので,資本コストの計算に日本企業の状況に合わせて弾力的に運用すべきであるとの意見がある。第6に,EVAの適用によって経営効率化への偏重による赤字部門切り離しなど,経営が後ろ向きになる可能性があるなどが言われている。

たしかに,EVAは財務に偏りすぎており,企業の潜在的な競争力や将来性,従業員の教育訓練や顧客サービスの程度などをトータルで把握できない面がある。しかし,EVAの長所としては,人件費や経費などの費用のほかに使用した全ての資産に係るコストを認識する。また,株主や債権者の要求リターンを資本コストとして認識するとともに,どれだけの利益を生み出すことが期待されているのかという期待リターンとの関係によって業績を評価できる(門田安弘他,2003年)。したがって,株主重視,連結重視の時代に,重要な指標であることは間違いないと考えられる。以下では引き続き業績評価の方法として,②キャッシュフローによる業績評価と③設備投資に関する業績評価を取り上げる。

(2) キャッシュフローによる業績評価

1960年代,技術革新により大型設備投資が活発化したが,会計上のルールである減価償却により経営の意思決定を誤らせる危険性があった。減価償却費の計算方法は継続適用を前提に複数の方法が認められており,会計上の利益は選択した会計処理方法の影響を受ける。

したがって,業績評価には,そうした会計処理方法の影響を受けないキャッシュフローを合わせてチェックすることが有益である。そこで設備投資決定にあたって,何年でキャッシュが回収できるかを計算する回収期間法やDCF法などのキャッシュフロー情報が用いられるようになった。キャッシュフローによる業績評価として,以下の指標が使われている。

$$CFROI = \frac{税引き後営業キャッシュフロー}{粗資産合計}$$

CFROI（Cash Flow Return on Investment）は，固定資産取得の年度によって大幅に変動するので単年度の業績評価に用いるのは危険であり，企業評価や長期の事業の評価に用いるのに適している。フリーキャッシュフローやCFROI以外にEBITDA（Earnings Before Interest, Taxes, Depreciation and Amortization：支払利息，税金，減価償却控除前利益）やキャッシュベースの売上高営業利益率などのキャッシュフロー情報が利用できる。しかしながら，CFROIと同じように固定資産取得の年度によって大幅に変動するので単年度の業績評価に用いるのは危険であり，企業評価や長期の事業の評価に用いるのに適している。

(3) 設備投資に関する業績評価

管理会計では，設備投資は意思決定会計として位置付けられているが，設備投資は，減価償却費や租税公課，金利負担を通じて損益に大きく影響を与えるとともにキャッシュフローの面でも業績に影響を与えている。したがって，本書では意思決定の問題であると同時にその結果としての業績の評価についても重視すべきであるとの観点から業績評価会計の対象として取り扱っている。設備投資の業績評価としては以下の指標が使用されている。

① 原価比較法：年額原価を比較し低い方を選択

年額原価＝資本回収費＋操業費

原価のみの比較では，収益，費用双方に効果がでる改修工事には適さない。

② 投資利益率法 $= \dfrac{年々の税引き後利益}{総投資額}$

③ 平均投資利益率 $= \dfrac{年々の税引き後利益}{平均投資額}$ （減価償却で年々回収しているため）

長所としては，収益性を考慮している。会計上の利益と整合性がある。計算が簡便である。また，短所としてはキャッシュフローを無視している。減価償却費などの埋没原価が原価項目に入っている。資本的支出とするか収益的支出とするかで結論が変わるなどが挙げられる。

④ 回収期間法＝$\dfrac{\text{原投資額}}{\text{年々のキャッシュフロー}}$

　当初の投資額を回収するのに要する期間を計算し，回収期間が短い方を有利とする評価法である。長所としては，発生主義的な収益・費用概念ではなくキャッシュフローで計算するので計算の恣意性は排除される。安全性を重視する。計算が簡単である。などである。短所としては，キャッシュフローの時間的要素を考慮に入れていない。回収後の収益性を無視している。

⑤ 内部利益率法

　各プロジェクトの内部利益率を計算し，その利益率によって各プロジェクトの評価を行う。

⑥ 現在価値法

　ＤＣＦ法である。資本コストを定めて回収額の現在価値を決め，これが原投資額より大きいかどうかで判断する。正味現在価値が正であればそのプロジェクトは採用され，負の場合は採用されない。

　正味現在価値＝キャッシュフローの現在価値合計－原投資額

　正味現在価値＞０　プロジェクトを採用

　正味現在価値＜０　プロジェクトを不採用

　現在価値法は，キャッシュフローの時間的要素を考慮に入れており評価は高い。

　これまで，ＥＶＡとキャッシュフロー，設備投資に関する業績評価の方法について述べてきたが，業績評価の重要性が高まる中で注目されている（櫻井通晴，2004年他）。

第1章　管理会計の概要とPDCAサイクル

（図表１－７）　業績評価の方法のまとめ

業績評価の方法
① 売上高
② 社内金利控除後利益
③ 純利益額
④ 売上高利益率
⑤ ＲＯＡ（総資本利益率）
⑥ ＲＯＩ（投下資本利益率）
⑦ ＲＩ（残余利益）＝管理可能利益－資本コスト
⑧ ＥＶＡ（Economic Value Added経済的付加価値） 　　＝税引後営業利益－｜加重平均資本コスト×（総資産－流動負債）｜
キャッシュフローによる業績評価
① フリーキャッシュフロー
② CFROI＝税引き後営業キャッシュフロー／粗資産合計
③ EBITDA（Earnings Before Interest, Taxes, Depreciation and Amortization：支払利息，税金，減価償却控除前利益）
④ キャッシュベースの売上高営業利益率
設備投資に関する業績評価
① 原価比較法：年額原価を比較し低い方を選択 　　　　　　年額原価＝資本回収費＋操業費
② 投資利益率法＝$\dfrac{\text{年々の税引き後利益}}{\text{総投資額}}$
③ 平均投資利益率＝$\dfrac{\text{年々の税引き後利益}}{\text{平均投資額}}$
④ 回収期間法＝$\dfrac{\text{原投資額}}{\text{年々のキャッシュフロー}}$
⑤ 内部利益率法
⑥ 現在価値法　ＤＣＦ法である。資本コストを定めて回収額の現在価値を決め，これが原投資額より大きいかどうかで判断する。

【参考文献】

櫻井通晴（2004）『管理会計 第三版』同文舘出版　pp. 45－55　pp. 100－106　pp. 459－468

櫻井通晴（2000）『管理会計 第二版』同文舘出版　p. 30　p. 41　pp. 51－53　pp. 56－58　pp. 72－74　pp. 379－388

門田安弘編著（2003）『管理会計学テキスト（第3版）』税務経理協会　pp. 120－124　pp. 131－137　pp. 195－210．そのほか本節全般について参照した。

5 バランスト・スコアカード

　本節では様々なツールとして最近注目されているバランスト・スコアカードについて述べる。バランスト・スコアカードは，業績評価が財務に偏りすぎていた反省から用いられるようになったが，現在では経営戦略の策定や事業活動の遂行を支援するツールとしても評価されている（伊藤嘉博・小林啓孝，2001年他）。バランスト・スコアカードは①財務②顧客③業務プロセス④従業員の学習と成長の４つの視点から企業の業績を評価するが，それぞれを独立の視点ではなく一連の因果連鎖としてとらえており，「財務の視点」を「顧客」，「業務プロセス」，「学習と成長」の各視点が補足するという関係にある（図表１－８）。

　経営環境の変化に伴う市場志向性の高まりとともに「顧客の視点」を重視したシステムの構築が必要である。また，内部的業務に関する効率化の推進などの「業務プロセスの視点」や情報処理能力が向上し欲求も高次元化した従業員に対してインセンティブを与えたり，スキルアップを促すなどの「学習と成長の視点」が経営の課題となっている。そして，それらの視点を踏まえて，「財務の視点」が重要である。こうした視点を戦略として統合したマネジメント・システムがバランスト・スコアカードである。

　また，バランスト・スコアカードは，業績評価だけでなく経営戦略の策定や事業活動の遂行を支援するツールでもあるから，導入の単位は全社，事業部（ないしＳＢＵ），職能別（部門別）ごとにもつのが望ましいとされている。

　株主重視の時代を迎えて，これら４つの視点のうち財務の視点は最終的な全体業績を表し，その他の３つの非財務的な視点は業績に影響あるいは制約を付与する原因系としており，戦略マップの作成を通じてよりビジュアルに明確化されると考えられる。戦略マップは事業部門ごとの事業戦略を１枚の体系図の中に描き出し，各々の組織や機能が担う戦略施策や業績評価制度の相対的な位置関係や必然性を明らかにするための手法である。

　キャプランとノートンは戦略マップのガイドラインとして，業界や業種を超

えて通用する，財務，顧客，プロセス，学習・成長の各視点における「汎用的な戦略パターン」を与えた。たとえば，財務の視点を司る戦略の汎用的なパターンは2つあり，「成長戦略」と「効率化戦略」である。「成長戦略」は売上高の増大，事業規模の拡大のことであり，「効率化戦略」はコスト削減，保有資産の有効活用，資金調達の効率化等である。顧客の視点を司る汎用的な「付加価値提供パターン」も大別すると次の3つの基本スタンスがある。まず，(1)徹底したオペレーション効率の追求による差別化，(2)顧客関係維持・発展能力による差別化，そして(3)製品力・サービス力による差別化である。キャプランとノートンは，企業の顧客戦略が決定すれば，各々のパターンごとに秀でた業務プロセスの要素も規定されると主張している。たとえば，(1)徹底したオペレーション効率の追求による差別化であれば，品質，コスト，納期，機能とともにそれをもたらすオペレーションが秀でる必要がある。(2)顧客関係維持・発展能力による差別化であれば，顧客が抱える問題を解決する能力やその能力が発揮できる顧客接点，サービス設計などが秀でる必要がある。(3)製品力・サービス力による差別化であれば，製品のユニークな機能などとともにそれを可能にするイノベーションプロセスが重要である。学習・成長の視点は，「企業風土」，「従業員のスキルレベル」，「技術（ＩＴ）インフラ」として集約される。

　こうした各視点を踏まえて策定された戦略マップの意義として，ひとつは，自社の事業戦略が合理的な構造になっているかを描き出す，2つ目は，事業部門の戦略を1枚の体系図にして業績評価指標とともに組織下位方向にコミュニケーションできる効果的なツールとされている。

　さらに，バランスト・スコアカードの導入の効果として，その導入の意思決定にはじまる各ステップを通じて組織構成員全員が戦略の重要性を認識することにより，その実現に向けての動機づけが図られるし，コミュニケーションの活発化により情報が共有化され，各組織構成員が目標とチャレンジ精神をもつとともに業績評価を行うことを可能にするなどが指摘されている。

　こうしたバランスト・スコアカードに関する検討を踏まえて，以下のようなネオ・バランスト・スコアカード経営に向けた研究がなされている。

第Ⅰ部　管理会計概説

　ひとつは，バランスト・スコアカードと中長期経営計画や予算との統合についてである（櫻井通晴，2003年）。バランスト・スコアカードは現在の目標だけでなく，将来の多元的な目標を与えることができる。非財務目標についても，総合的な視点から企業の進むべき方向を明らかにする。そのためバランスト・スコアカードで示される非財務的な戦略目標や戦略テーマを中長期経営計画の策定に組み入れることで従来にもまして効果的な計画設定ができるようになる。また，戦略をマネジメントするバランスト・スコアカードと，戦術をマネジメントするシステムとしての予算の統合である。これにより従来からの差異分析を重視した予算管理から戦略そのものの検討に重点を移すことができる。

　次に，バランスト・スコアカードとＥＶＡ，ＡＢＣの統合についての研究がなされている（櫻井通晴，2003年）。バランスト・スコアカードはＥＶＡなどの価値創造経営をサポートする可能性がある。業績評価の方法としてのＥＶＡの意義は先に述べたとおりであるが，ＥＶＡなどの価値創造経営は非財務的指標には関心が薄かった。バランスト・スコアカードは財務の視点から価値創造経営の戦略目標を設定するとともに，非財務的指標によるパフォーマンスの管理が価値創造経営を補完すると考えられている。また，ＡＢＣは製品戦略に役立つ。このことは財務の視点の改善に役立つとされている。ＡＢＭについても業務改革を通じて内部ビジネス・プロセスの改善に役立つと考えられている。

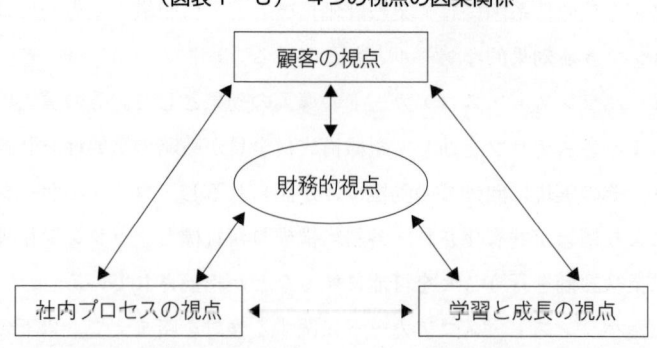

（図表1－8）　4つの視点の因果関係

```
            ┌─────────┐
            │ 顧客の視点 │
            └─────────┘
                 ↕
            ┌─────────┐
            │ 財務的視点 │
            └─────────┘
            ↙         ↘
┌──────────────┐    ┌──────────────┐
│社内プロセスの視点│←→│学習と成長の視点│
└──────────────┘    └──────────────┘
```

（出所）　加登　豊（1999）『管理会計入門』　日本経済新聞出版社　p.215

第1章　管理会計の概要とPDCAサイクル

　以上のように，バランスト・スコアカードは財務だけでなく企業の総合的な視点から長期戦略的な立場を加味して業績を評価しうるので今後重視されると考えられる。

　以下の図表1－9の戦略マップの概略図は，キャプランとノートンが与えた各視点における「汎用的な戦略パターン」を参考にして作成した。

(図表1－9)　戦略マップの概略図

	企業価値の増大 ↑
財務の視点	(1) 売上の増加 (2) 生産性・効率の向上 ↑
顧客の視点	(1) 徹底したオペレーション効率の追求による差別化 　　品質，コスト，納期，機能など (2) 顧客関係維持・発展能力による差別化 　　顧客が抱える問題を解決する能力など (3) 製品力・サービス力による差別化 　　製品のユニークな機能など ↑
業務プロセスの視点	(1) イノベーションのプロセス 　　製品のユニークな機能などを可能にするイノベーションプロセス (2) 顧客マネジメントのプロセス 　　顧客が抱える問題を解決する能力を発揮できる 　　顧客接点，サービス設計 (3) オペレーションとロジスティクスのプロセス (4) 環境保全，コンプライアンス遵守のプロセス ↑
学習・成長の視点	(1) 企業風土 (2) 従業員のスキルレベル (3) 技術（IT）インフラ

　本節では業績評価だけでなく経営戦略の策定や事業活動の遂行を支援するツールとしても注目されているバランスト・スコアカードの概要について述べた（図表1－10）。

(図表1－10) バランスト・スコアカードのまとめ

項　　目	内　　容
バランスト・スコアカード	バランスト・スコアカードは，業績評価が財務に偏りすぎていた反省から用いられるようになったが，現在では経営戦略の策定や事業活動の遂行を支援するツールとしても評価されている。①財務②顧客③業務プロセス④従業員の学習と成長の4つの視点から企業の業績を評価するが，それぞれを独立の視点ではなく一連の因果連鎖としてとらえており，「財務の視点」を「顧客」，「業務プロセス」，「学習と成長」の各視点が補足するという関係にある。また，経営戦略の策定や事業活動の遂行を支援するツールでもあるから，導入の単位は全社，事業部（ないしSBU），職能別（部門別）ごとにもつのが望ましいとされている。
戦略マップ	4つの視点のうち財務の視点は最終的な全体業績を表し，その他の3つの非財務的な視点は業績に影響あるいは制約を付与する原因系としており，戦略マップの作成を通じてビジュアルに明確化されると考えられる。戦略マップは事業部門ごとの事業戦略を1枚の体系図の中に描き出し，各々の組織や機能が担う戦略施策や業績評価制度の相対的な位置関係や必然性を明らかにするための手法である。
戦略マップの意義	戦略マップの意義として，ひとつは，自社の事業戦略が合理的な構造になっているかを描き出す，2つ目は，事業部門の戦略を1枚の体系図にして業績評価指標とともに組織下位方向にコミュニケーションできる効果的なツールとされている。さらに，バランスト・スコアカードの導入の各ステップを通じて組織構成員全員が戦略の重要性を認識することにより，その実現に向けての動機づけが図られるし，コミュニケーションの活発化により情報が共有化され，各組織構成員が目標とチャレンジ精神をもつとともに業績評価を行うことを可能にするなどが指摘されている。
ネオ・バランスト・スコアカード経営の研究	バランスト・スコアカードと中長期経営計画や予算との統合やバランスト・スコアカードとEVA，ABCの統合についての研究がなされている。
	以上のように，バランスト・スコアカードは財務だけでなく企業の総合的な視点から長期戦略的な立場を加味して業績を評価しうるので今後重視されると考えられる。

【参考文献】
櫻井通晴（2004）『管理会計（第三版）』同文舘出版　pp. 187－217
加登　豊（1999）『管理会計入門』日本経済新聞社　pp. 210－217
伊藤嘉博・小林啓孝編（2001）『ネオ・バランスト・スコアカード経営』中央経済社
　　　　　　戦略マップについてはpp. 66－77
櫻井通晴（2003）『バランスト・スコアカード』同文舘出版

（参考１）　財務諸表分析

　企業経営が抱える問題点を把握するためには，財政状態と経営成績の認識にとどまらず，貸借対照表や損益計算書，キャッシュフロー計算書などの財務諸表の分析が有益である（桜井久勝，2003年他）。こうした財務諸表の分析により，企業の収益性や安全性，あるいはキャッシュフローの状況などを知ることができ，目標値との比較や同業他社との比較（クロスセクション分析），過年度との比較（時系列分析法）などを通じて当該企業が抱える問題点を把握することができる。また，企業経営者や投資家，債権者などの企業を取り巻く利害関係者は，企業に関する意思決定を行う際に当該企業がおかれている現状や問題点，他社に対する強みや弱みなどの特徴を知る必要があり，そのために企業が公表している財務諸表の分析が行われる。

　財務諸表分析を通じて導かれる企業の様々な特徴は，「収益性」と「生産性」，「安全性」の３つの指標で表現される。その中で最も重要な指標は「収益性」の指標である。企業は利潤の追求を第１の使命としているからである。同時に，企業は社会に必要な商品やサービスを生産するという社会的使命を有しているので「生産性」も重要な指標である。また，投資家や債権者などの利害関係者は，投融資の対象となる企業の安定性や債務返済能力も重視しており，「収益性」とともに「リスク」分析も重要である。「収益性」と「リスク」を規定しているのが企業のファンダメンタルズである。

　以下においては，財務諸表分析の理論を「収益性」や「生産性」，「安全性」の３つの観点から概観する。

(1) 収益性の分析

まず,「収益性」の指標として資本利益率が有効とされている。資本利益率は資本の利用効率を測定するもので,利益÷資本で計算される。資本利益率には2つの観点があり,1つは企業全体の収益性の指標となる総資本事業利益率であり,もう1つは,株主からみた収益性の指標としての自己資本純利益率である。

① 総資本事業利益率

$$= \frac{営業利益 + 受取利息・受取配当金 + 持分法利益}{使用総資本}$$

使用総資本と対応する利益概念は支払利息などの金融費用を控除前の事業利益で,営業利益に受取利息・配当金などの金融収益を加算したものである。

② 自己資本純利益率 $= \dfrac{当期純利益}{自己資本}$

株主に帰属する自己資本に対応する利益概念は,支払利息などの金融費用や特別損失,税金を控除した当期純利益である。

ところで,資本利益率は売上高利益率と資本回転率に分解できる。

③ 資本利益率 = 売上高利益率 × 資本回転率

$$= \frac{利益}{売上高} \times \frac{売上高}{資本}$$

売上高利益率は生産・販売のマージンを示し,資本回転率は使用資本の利用度を示している。また,資本回転率（$\frac{売上高}{資本}$）は,以下のとおり資産のうち重要項目に着目して原因を詳細に分析することができる。

・売上債権回転率 $= \dfrac{売上高}{受取手形・売掛金・割引手形の期首・期末平均}$

・棚卸資産回転率 $= \dfrac{売上高}{棚卸資産の期首・期末平均}$

・有形固定資産回転率 $= \dfrac{売上高}{有形固定資産の期首・期末平均}$

(参考1) 財務諸表分析

・手元流動性回転率 = $\dfrac{売上高}{現金預金・有価証券の期首・期末平均}$

・手元流動性比率 = $\dfrac{現金預金・有価証券の期首・期末平均}{年間売上高 \div 12}$

また，自己資本純利益率は，売上高純利益率と総資本回転率，財務レバレッジに分解できる。

④ 自己資本純利益率 = 売上高純利益率 × 総資本回転率 × 財務レバレッジ

$= \dfrac{当期純利益}{売上高} \times \dfrac{売上高}{総資本} \times \dfrac{総資本}{自己資本}$

財務レバレッジは，総資本額が自己資本の何倍かを表す尺度で，他人資本が存在すれば1.0以上になり，自己資本利益率を拡大する効果をもつ。

(2) 生産性の分析

企業は，営利目的とともに経済生活に必要な財やサービスを生産するという社会的な使命も有しているので「生産性」についても重要な視点である。この視点では，企業が新たに生み出した価値としての付加価値が重要である。付加価値の計算方法には，控除法と加算法がある。控除法は総生産高から前の段階の企業が生産し提供した価値の消費部分「前給付費用」を控除して付加価値を算出する方法である。

・付加価値 = 総生産高 − 前給付費用

加算法は付加価値の構成要素を加算することにより算出する方法である。

・付加価値 = 人件費 + 賃借料 + 税金 + 他人資本利子 + 税引後利益

人的資源の観点からの生産性は労働生産性であり，以下により算出される。

① 労働生産性 = $\dfrac{付加価値額}{期首・期末平均従業員数}$

また，労働生産性は1人当たり売上高と付加価値率に分解ができ，労働生産性を高めるにはいずれかを高めなければならない。

② 労働生産性 = 1人当たり売上高 × 付加価値率

$= \dfrac{売上高}{平均従業員数} \times \dfrac{付加価値額}{売上高}$

設備の観点からみた生産性は設備生産性である。また，設備生産性は有形固定資産回転率と付加価値率に分解できる。

③ 設備生産性 $= \dfrac{付加価値額}{期首・期末平均有形固定資産残高}$
$= 有形固定資産回転率 \times 付加価値率$
$= \dfrac{売上高}{期首・期末平均有形固定資産残高} \times \dfrac{付加価値額}{売上高}$

設備生産性を高めるには，有形固定資産の操業度を上げ（回転率を高める）とともによく売れる製品を製造・販売する必要がある。

(3) 安全性の分析

投融資を実行するにあたり，対象となる企業の安定性や債務返済能力も重要であり，「収益性」や「生産性」と並んで「リスク」分析も重要な側面である。負債の残高と返済に充当しうる資産の金額の比較，総資産に占める負債の大きさなど，ストック数値に基づく古典的な指標は以下のとおりである。

① 流動比率 $= \dfrac{流動資産}{流動負債}$（200％以上が望ましい）

② 当座比率 $= \dfrac{当座資産}{流動負債}$（100％以上が望ましい）

③ 負債比率 $= \dfrac{他人資本}{自己資本}$（100％以下が望ましい）

④ 自己資本比率 $= \dfrac{自己資本}{使用総資本（資産）}$（50％以上が望ましい）

⑤ 固定比率 $= \dfrac{固定資産}{資本}$（100％以下が望ましい）

⑥ 固定長期適合率 $= \dfrac{固定資産}{固定負債 + 資本}$（100％以下が望ましい）

企業は収益から利息や債務等の支払いをするので，安全性の分析にはストック数値だけでなくフロー数値に基づく指標も重要であり，キャッシュフロー計算書，損益計算書を利用した以下の指標がある。

⑦ 経常収支比率 $= \dfrac{経常的収入}{経常的支出}$（100％以上が必要）

(参考1) 財務諸表分析

⑧ インタレスト・カバレッジ・レシオ

$$\frac{営業利益+受取利息・配当金等}{支払利息} \quad (高い方が望ましい)$$

⑨ 純金利負担率 $=\dfrac{支払利息・割引料-受取利息・割引料}{売上高}$

⑩ 借入金依存度 $=\dfrac{有利子負債残高}{総資本}$

⑪ 有利子負債返済年数 $=\dfrac{期末の有利子負債残高}{営業活動によるキャッシュフロー}$

上記の「収益性」や「生産性」,「安全性」の3つの観点からの財務諸表分析の理論を図表1-11にまとめた。

(図表1-11) 財務諸表分析 (まとめ)

---

(1) 収益性の分析

① 総資本事業利益率 $=\dfrac{営業利益+受取利息・受取配当金+持分法利益}{使用総資本}$

② 自己資本純利益率 $=\dfrac{当期純利益}{自己資本}$

③ 資本利益率 = 売上高利益率 × 資本回転率

　　　　　　 $=\dfrac{利益}{売上高} \times \dfrac{売上高}{資本}$

④ 自己資本純利益率 = 売上高純利益率 × 総資本回転率 × 財務レバレッジ

　　　　　　 $=\dfrac{当期純利益}{売上高} \times \dfrac{売上高}{総資本} \times \dfrac{総資本}{自己資本}$

---

(2) 生産性の分析

・付加価値 = 総生産高 − 前給付費用

　　　　　 = 人件費 + 賃借料 + 税金 + 他人資本利子 + 税引後利益

① 労働生産性 $=\dfrac{付加価値額}{期首・期末平均従業員数}$

② 労働生産性 = 1人当たり売上高 × 付加価値率

　　　　　　 $=\dfrac{売上高}{平均従業員数} \times \dfrac{付加価値額}{売上高}$

③ 設備生産性 $=\dfrac{付加価値額}{期首・期末平均有形固定資産残高}$

　　　　　　 = 有形固定資産回転率 × 付加価値率

　　　　　　 $=\dfrac{売上高}{期首・期末平均有形固定資産残高} \times \dfrac{付加価値額}{売上高}$

(3) 安全性の分析

① 流動比率 $= \dfrac{流動資産}{流動負債}$ （200％以上が望ましい）

② 当座比率 $= \dfrac{当座資産}{流動負債}$ （100％以上が望ましい）

③ 負債比率 $= \dfrac{他人資本}{自己資本}$ （100％以下が望ましい）

④ 自己資本比率 $= \dfrac{自己資本}{使用総資本（資産）}$ （50％以上が望ましい）

⑤ 固定比率 $= \dfrac{固定資産}{資本}$ （100％以下が望ましい）

⑥ 固定長期適合率 $= \dfrac{固定資産}{固定負債＋資本}$ （100％以下が望ましい）

⑦ 経常収支比率 $= \dfrac{経常的収入}{経常的支出}$ （100％以上が必要）

⑧ インタレスト・カバレッジ・レシオ
$= \dfrac{営業利益＋受取利息・配当金等}{支払利息}$ （高い方が望ましい）

⑨ 純金利負担率 $= \dfrac{支払利息・割引料－受取利息・割引料}{売上高}$

⑩ 借入金依存度 $= \dfrac{有利子負債残高}{総資本}$

⑪ 有利子負債返済年数 $= \dfrac{期末の有利子負債残高}{営業活動によるキャッシュフロー}$

【参考文献】

桜井久勝（2003）『財務諸表分析（第2版）』中央経済社

斎藤静樹（2000）『財務会計（第3版）』有斐閣

溝口一雄責任編集（1979）『体系近代会計学Ⅳ（業績評価会計）』中央経済社

第2章
コスト・マネジメント概説

第2章では，1 環境の変化に伴う管理会計手法の見直し，2 標準原価計算の特徴と限界，3 直接原価計算と損益分岐点分析，4 経営環境の変化と原価企画，5 欧米の原価計算に関する近年の考え方と原価企画の各テーマで先行研究をレビューする。

第Ⅰ部　管理会計概説

1　環境の変化に伴う管理会計手法の見直し＝インテグレーテッド・コストマネジメント

「管理会計の理論と歴史」でも述べたように大量生産と産業構造の高度化を目標としていた経済社会は，1980年代以降に顧客ニーズの多様化と顧客ニーズそのものの短命化により多品種少量生産へ移行し，また，グローバリゼーショ

(図表2－1)　コスト・マネジメントとＩCM（インテグレーテッド・コストマネジメント）の関係

事　項	コスト・マネジメント	ＩＣＭ
企　業　環　境	輸出促進 産業構造の高度化 大量生産	グローバリゼーション 高度情報化 多品種少量生産
企　業　目　標	利益目的が中心	企業の存続，成長，発展
主要な指導原理	収益力の強化	効果性重視の経営(※1)
原価管理の体系	計画とコントロール	革新，改善，維持
組　　　　織	タテ組織	タテとヨコ組織
対　象　機　能	製造，販売	研究開発，企画，設計，製造，販売，保守，運用，処分
主　要　手　法	標準原価計算 予算管理 直接原価計算 特殊原価調査 OR，IE 価値分析	伝統的手法(※2) 原価企画 ABC 価値連鎖分析 LCC(※3) 品質原価計算 日本的現場改善技法

(※1)　効果性重視の経営とは，効率を向上させるだけでなく企業の最終目的である企業価値の増大を図り社会的，組織的な諸関係も重視される。従業員の生活の質の向上，サプライヤーとの共生関係の模索，顧客満足度の一層の向上，株主保護，地球環境の保護などの多様な目的の達成の重視。
(※2)　伝統的手法とは，標準原価計算，予算管理，直接原価計算など。
(※3)　LCCとは，ライフサイクル・コスティング。
(出所)　櫻井通晴（2004）『管理会計（第三版）』同文舘出版　p.271

ンや高度情報化などを特質とする社会へと変化した。こうした変化は，これまでの管理会計手法の見直しを余儀なくさせている（小林哲夫，1993年．加登豊，1999年）。多品種少量生産は，より一層のＦＡ化を必要とすることで直接労務費の減少と間接費の増大を導き，標準原価計算の意義を低下させた。また，グローバリゼーションは，地球環境や資源，市場の制約の中での企業間競争の激化を伴い，経営の効率化に向けて管理会計の対象範囲を取引先や系列会社，関係会社へと拡大，深化させている。こうした経営環境の変化に伴い，いわゆる「原価管理」の内容はさらに拡張・統合されることになり，インテグレーテッド・コストマネジメントを生み出した。すなわち，標準原価計算と予算管理，直接原価計算などの伝統的な管理会計手法に加えて原価企画やＡＢＣ，価値連鎖分析，品質原価計算，ライフサイクルコスティング，バランスト・スコアカードなどが開発された（図表2－1）。

2　標準原価計算の特徴と限界

　標準原価計算の主要な目的は，狭い意味での原価管理，すなわちコスト・コントロールにある。コスト・コントロール（原価統制）とは，達成目標としての原価の標準に向けて原価の発生をコントロールし，もって原価効率増進の措置を講じることをいう。標準原価計算（standard costing）とは，原価の流れのどこかの時点で標準原価を組み入れ，標準原価と実際原価を比較して原価差異を計算分析し，かつこれを関係者に報告する会計システムである。
　また，標準原価計算制度とは，「製品の標準原価を計算し，これを財務会計の主要帳簿に組み入れ，製品原価の計算と財務会計とが，標準原価をもって有機的に結合する原価計算制度」（原価計算基準）である。標準直接材料費や標準直接労務費，標準製造間接費などの標準原価は以下の計算式により設定される（櫻井通晴，2004年）。
　①　標準直接材料費＝標準消費量×標準価格
　　　標準消費量は，標準的な歩留まり計算，製作品の設計図，テスト・ラン，

あるいは，過去の実績データを活用して科学的に決定する。他方，標準価格は予定価格または正常価格として決定する。
② 標準直接労務費＝標準直接作業時間×標準賃率
標準直接作業時間は，動作時間研究，テスト・ラン，過去の経験に基づく見積り，あるいは，過去の実績データを活用して科学的に決定する。他方，標準賃率は，予定賃率または正常賃率による。
③ 標準製造間接費＝部門別予定配賦率×許容標準配賦基準数値

$$（部門別予定配賦率＝\frac{部門別製造間接費予定額}{部門別予定配賦基準数値}）$$

また，直接材料費や直接労務費，製造間接費に関する標準原価と実際原価との原価差異は以下のとおり計算，分析される（櫻井通晴，2004年）。
① 直接材料費の差異分析
標準直接材料費は価格差異（消費価格差異）と数量差異（消費量差異）とに分析される。
価格差異＝（標準価格－実際価格）×実際数量
数量差異＝（標準数量－実際数量）×標準価格
② 直接労務費の差異分析
標準直接労務費の差異は，賃率差異と作業時間差異とに分析される。
賃率差異＝（標準賃率－実際賃率）×実際作業時間
作業時間差異＝（標準作業時間－実際作業時間）×標準賃率
③ 製造間接費の差異分析
標準製造間接費の差異分析は，固定予算の場合と変動予算の場合で異なるが，実務では固定予算を採用する企業が多い。製造間接費差異の総額は，標準配賦額から製造間接費実際発生額を差し引いて算出され，以下のように分析できる。
能率差異＝（標準配賦率×許容標準時間）－（標準配賦率×実際作業時間）
　　　　＝標準配賦率×（許容標準作業時間－実際作業時間）
操業度差異＝（標準配賦率×実際作業時間）－製造間接費予算額

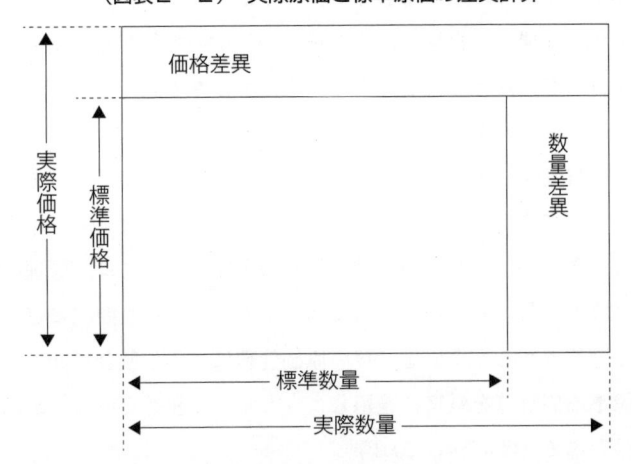

(図表2-2) 実際原価と標準原価の差異計算

価格差異 / 実際価格 / 標準価格 / 数量差異 / 標準数量 / 実際数量

(出所) 門田安弘編著 (2003)『管理会計学テキスト (第3版)』税務経理協会 p.298

　　　　　　　＝標準配賦率×(実際作業時間－正常作業時間)
　予算差異＝製造間接費予算額－製造間接費実際発生額
なお，差異分析を図で示すと図表2－2のとおりである。

　標準原価計算は標準を設定して，その目標に向かって原価引き下げの努力をさせるのであるから，まさにコスト・コントロールのためには最適の手段であるといえる。第1に，標準原価計算による管理は，生産の標準化が行われ，生産条件のあまり変わらない企業，および技術革新によって作業条件がそれほど大きく変化しない時代に適した技法である。次々と技術革新が行われる企業にあっては，生産条件が変化し，標準の設定が追いつかない。第2に，大量生産が行われている企業も，標準原価計算の適する企業である。多品種少量生産が中心になっている企業は，標準の設定が困難になる。第3に，労働集約的な企業に標準原価を管理適用すると，最も効果的である。なぜなら，標準原価計算はもともと直接労務費の能率管理のために考案されたものであり，現場作業員の能率管理には最適と考えるからである。したがって，ロボットの活用が増え，自動化が進展すると標準原価計算のもつ原価管理機能が低下する。

また，標準原価計算の限界としては，第1は，1970年代から1980年代にかけて工場自動化が進展し，機械・設備の更新が相次いで行われた結果，標準の設定を頻繁に行わなければならなくなり，また，標準の設定自体も難しくなってきた。第2に，標準原価計算は現場作業員の能率管理に適した技法である。しかし，工場の自動化により現場から作業員がほとんどいなくなってしまったため，標準によって能率管理をする主な対象がいなくなった。その結果，自動車産業，家電産業など加工組立型産業の多くの企業においては，管理の対象は，企画・設計段階における管理をどのようにやるかといった問題に移行しており，製造段階で適用される標準原価計算の原価管理に占める割合が低下してきた。第3に，標準原価計算を厳格に適用しようとすると粗悪な品質の製品が生産される可能性がある（櫻井通晴，2004年）。

3 直接原価計算と損益分岐点分析

次に，直接原価計算と損益分岐点分析について触れておきたい。1930年代にはいると，コストを固定費と変動費に区分した上で損益計算を行う直接原価計算が開発され，貢献利益が可能になっただけでなく，それによりコスト，営業量，利益の相互関係の分析，C－V－P分析により収益構造が明らかになるようになった（加登　豊，1999年）。

直接原価計算は，まず，原価を変動費たる直接原価と固定費たる期間原価に区分し，売上高から直接原価を差し引いて限界利益を算出し，そこから期間原価を差し引いて営業利益を算出する。棚卸資産原価は固定製造原価の分だけ少なくなる。限界利益は売上高の変動による影響が大きいので，企業間競争が激しくなりはじめた時代の経営者の感覚と合致しており，また，短期の意思決定に効果的と考えられる。

標準直接原価計算は，標準原価計算と直接原価計算とが結合して作られた原価計算方式である。標準原価計算は能率管理を主目的に発展したが，直接原価計算は上記のように利益計画に役立つ。標準直接原価計算は，コストコント

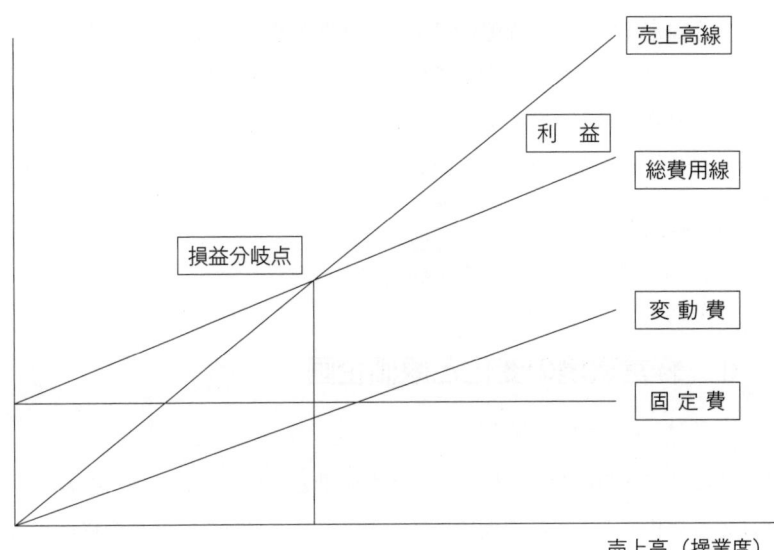

(図表2-3) 損益分岐点図表

ロールと利益計画の機能を合わせ有している。

　損益分岐点分析とは,損益分岐点を算出する過程を通じてC-V-Pの関係を分析することをいう。損益分岐点図表は利益図表ともいわれ,売上高が変化するにつれて,原価および利益がどのように変化するかをグラフ上で表した図表である(図表2-3)(櫻井通晴, 2004年)。

　損益分岐点分析を行うには,操業度との関連において原価を固定費と変動費に分類する必要がある。操業度は営業量ともいわれ,経営能力を一定にした場合のその利用度,または経営能力そのものをいう。最もよく利用される操業度は,直接作業時間,機械時間,売上高,生産量である。

　固定費とは,操業度の増減にかかわらず総額で変化しない原価要素である。減価償却費,固定資産税,役員給料などは典型的な固定費である。変動費とは,操業度の増減に応じて総額で比例的に変化する原価要素である。原材料費や仕入原価,販売手数料は典型的な変動費である。

　固定費にも変動費にも属さない原価がある。準固定費は,監督者給料のよう

に，一定の操業度においては固定的であるが，次の操業度において増加し，またしばらく固定化するような原価である。準変動費は，水道料や電力料のように，操業度ゼロにおいても一定の原価が発生し，操業度の増加とともに比例的に増加する原価である（櫻井通晴，2004年）。

なお，損益分岐点売上高は以下の式で計算される。

$$損益分岐点売上高 = \frac{固定費}{1 - \dfrac{変動費}{売上高}}$$

4　経営環境の変化と原価企画

経営環境の変化の中で経営管理に与えた影響として大きいのは，顧客ニーズ，価値観の多様化による少品種大量生産から多品種小ロット生産への移行であり，それに伴う市場志向性の増大である。市場志向性の増大は，顧客ニーズの的確な把握を必要とし，伝統的な標準原価管理の方法もそれに伴い変化せざるをえない。

標準原価計算は現在もその意義を失っていないとされるが，予算や標準原価により計算期間終了後に目標値と実績値の差異分析と評価がされる管理方法と比較して，生産とコントロールが同時進行のＪＩＴシステムやＴＱＣの考え方の方が顧客のニーズを把握しやすいとされ，生産志向から市場志向の環境変化の中で発展してきた。ＪＩＴシステムは，必要な物を，必要な量だけ，必要な時につくるシステムであるので，市場志向の管理システムとして適していたと言える。また，多品種小ロット生産は，ＦＡ化を必要とすることにより原価構成を変化させた。すなわち，直接労務費の減少とその一方で間接費の増大を導き，標準原価計算の意義を低下させた。ＦＭＳやＣＩＭの実現により直接材料費の管理のための標準原価計算の意義も低下させた。

こうしたＪＩＴシステムやＴＱＣの導入，ＦＭＳやＣＩＭの実現は原価削減率を次第に小さくし，製造現場での原価削減の成功は，原価削減の対象を新た

第2章　コスト・マネジメント概説

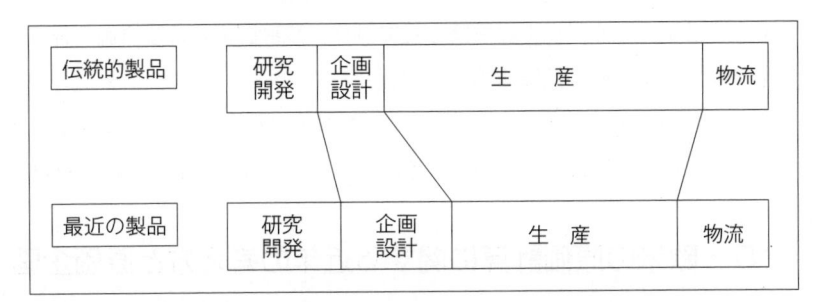

(図表2－4)　原価管理の重点移行

伝統的製品	研究開発	企画設計	生産	物流
最近の製品	研究開発	企画設計	生産	物流

(出所)　櫻井通晴（2004）『管理会計（第三版）』同文舘出版, p.290

に設計，開発，さらに商品企画へとシフトさせた。また，製品ライフサイクルの短縮化は，原価企画段階での原価的配慮が，信頼性と採算性にとって重要であるとの認識がある。原価企画は「原価発生の源流に遡って，ＶＥなどの手法をとりまじえて，設計，開発さらには商品企画の段階で原価を作り込む活動」とされるが，試作設計図が書かれると原価低減の幅が実質的に決まってしまうので，それ以前の段階で原価低減活動を行った方が，効果が高まるとの認識による（図表2－4）。

原価企画のプロセスは(1)商品企画(2)目標原価の設定(3)目標原価の機能別展開(4)目標原価の部品別展開(5)試作・設計図面に基づく原価低減(6)量産移行準備に伴う原価低減(7)原価企画のフォローアップのプロセスで展開し様々な部署の担当者やサプライヤーの担当者が参画することにより，各プロセスがリレー式ではなく重複的に重なり合って遂行される。

(1)商品企画の段階では，開発される新製品の機能，品質，原価等の最適な組み合わせが検討され，統合性をもった，明確な製品コンセプトの設定が要求される。

(2)目標原価は予定売価から算定されるのでマーケットインの思考に立っている。目標原価は許容原価とのギャップを測り，初期のＶＥ活動や計画の若干の見直し，既存製品の原価構成などを考慮して設定される。

(3)(4)では，目標原価を達成するために，製品単位の目標原価を機能別，部品

別にブレークダウンしながら，関与する人々とともに原価低減活動を強力に推進していく必要がある。以上の段階を経て試作・設計図面による原価の作り込み作業，設計による原価低減活動などが行われる。

こうした原価企画のプロセスを通じて，各部署の担当者とともにサプライヤーも一体となって原価の作り込みに参画することとなる（小林哲夫，1993年）。

5 欧米の原価計算に関する近年の考え方と原価企画

経営環境の変化に伴い原価企画が注目を集めているが，欧米においては，ＡＢＣや戦略的コスト・マネジメント，品質原価計算，ライフサイクルスティングなどが議論されている。

ＡＢＣは，1980年代に注目を受けるようになり，製品戦略と関わらせるべき製品原価計算における意義と，コスト・マネジメントとしての広範な業務活動の管理に及ぶ意義があるとされる。

ＡＢＣは，製品の生産に必要な活動を媒介として活動原価と活動消費量を測定するだけではなく，それらの情報により製品原価低減の多様な可能性をみいだすことができ，両者の結びつきは当然とされている。ＡＢＣ概念の拡大は，コスト・マネジメントの基本要素としての活動や活動連鎖，あるいは，価値連鎖が重視される経営環境にあって当然の方向であり，また，ＡＢＭという概念も現代の経営環境に適合している。そうした中で，レイ＝シュライは製品の企画・開発を主内容とする研究開発活動にもＡＢＭが潜在的に高い適用可能性をもつと言っている。

戦略的コスト・マネジメントでは，シャンク＝ゴヴィンダラジャンをはじめとして，原材料供給者から製品の最終消費者に至るまでの価値連鎖の中で原価低減や価値創造の可能性が指摘されている。ＪＩＴ方式を導入しようとした自動車メーカーがサプライヤーの製造コスト増加のために失敗した事例により，内部的な付加価値の増大だけを考えずに価値連鎖上のサプライヤーの原価を分析に入れなければならないとしている。また，シールズ＝ヤングは，戦略的コ

スト・マネージメントとして，長期的な原価低減活動を提言している。戦略的な原価低減プログラムを展開する上で，焦点を合わせる活動の選択と一貫性のある方法の選択が原価低減活動の中でも大切であるとし，製造前の活動（製品コンセプト作り，開発，設計）と製造後（販売等）に焦点を合わせることが重要としている。

ライフサイクル・コスティングの研究は，アメリカ国防省が中心となって始まったが，民間企業においても，消費者の要請や環境保護，資源のリサイクル化の観点から，物品の取得コストと使用コスト，破棄コストが最小化することが課題となった。ライフサイクルコスティングにおいても，製造実施後の原価低減よりも製品の企画・開発段階での原価低減が重要であるとしている。量産実施前に原価の大きさが決まってしまい，企画，開発等の上流段階で原価低減活動を行う方が効果が大きいことが認識されたからである。

以上のように，最近の欧米の原価計算に関する考え方は幅の広いものであるが，価値連鎖など全体の過程を重視する一方で，原価企画のように，企画，開発段階にも関心が向いている。

第2章では，コスト・マネジメントについて先行研究をレビューした（図表2−5）。管理会計システムの論述の前提として原価企画の考え方はゼネコンには必要不可欠である。

【参考文献】

加登 豊（1999）『管理会計入門』日本経済新聞出版社 p.18 pp.102−104
櫻井通晴（2004）『管理会計（第三版）』同文舘出版 pp.219−225 pp.231−250
　　　　　　pp.253−263 pp.264−266 pp.270−271 pp.289−326
小林哲夫（1993）『現代原価計算論』中央経済社 原価企画についてはpp.171−229
門田安弘編著（2003）『管理会計学テキスト（第3版）』税務経理協会
谷 武幸（2011）『エッセンシャル 管理会計（第2版）』中央経済社

(図表2-5) コスト・マネジメント概説のまとめ

項　　目	内　　容
インテグレーテッド・コストマネジメント	経営環境の変化に伴いインテグレーテッド・コストマネジメントを生み出した。標準原価計算と予算管理，直接原価計算などの伝統的な管理会計手法に加えて原価企画やＡＢＣ，価値連鎖分析，品質原価計算，ライフサイクルコスティング，バランスト・スコアカードなどが開発された
標準原価計算の特徴と限界	標準原価計算とは，原価の流れのどこかの時点で標準原価を組み入れ，標準原価と実際原価を比較して原価差異を計算分析し，かつこれを関係者に報告する会計システムである。標準原価計算は標準を設定して，その目標に向かって原価引き下げの努力をさせるのであるから，コスト・コントロールのためには最適の手段であるといえる。しかし，経営環境の変化に伴い，標準原価計算の限界が指摘されている。
直接原価計算と損益分岐点分析	1930年代にはいると，コストを固定費と変動費に区分した上で損益計算を行う直接原価計算が開発され，貢献利益が可能になっただけでなく，コスト，営業量，利益の相互関係の分析，Ｃ－Ｖ－Ｐ分析により収益構造が明らかになるようになった。損益分岐点分析とは，損益分岐点を算出する過程を通じてＣ－Ｖ－Ｐの関係を分析することをいう。
原価企画	原価企画は「原価発生の源流に遡って，ＶＥなどの手法をとりまじえて，設計，開発さらには商品企画の段階で原価を作り込む活動」とされるが，試作設計図が書かれると原価低減の幅が実質的に決まってしまうので，それ以前の段階で原価低減活動を行った方が，効果が高まるとの認識による。原価企画のプロセスは(1)商品企画(2)目標原価の設定(3)目標原価の機能別展開(4)目標原価の部品別展開(5)試作・設計図面に基づく原価低減(6)量産移行準備に伴う原価低減(7)原価企画のフォローアップのプロセスで展開し様々な部署の担当者やサプライヤーの担当者が参画することにより，各プロセスがリレー式ではなく重複的に重なり合って遂行される。各部署の担当者とともにサプライヤーも一体となって原価の作り込みに参画することとなる。
欧米の原価計算に関する近年の考え方と原価企画	経営環境の変化に伴い原価企画が注目を集めているが，欧米においては，ＡＢＣや戦略コスト・マネジメント，品質原価計算，ライフサイクルスティングなどが議論されている。 　最近の欧米の原価計算に関する考え方は幅の広いものであるが，価値連鎖など全体の過程を重視する一方で，企画，開発段階に関心が向いている。

第Ⅱ部
大手民鉄の管理会計システム

　大手民鉄は日本国有鉄道（現ＪＲ）とともに鉄道事業とバス事業や流通・不動産事業などの付帯事業を通じて日本の近代化とその発展に基幹産業として貢献してきたが，近年の少子高齢化やモータリゼーションの進展に伴い輸送人員は減少傾向にあり，また，付帯事業についても企業間競争の激化などにより経営環境は厳しさを増している。こうした環境変化に対して新規事業の展開による増収努力や安全性と品質を維持しつつ固定費の削減などの経営政策が実施されてきたが，大手民鉄においても今後の安定的な発展のために管理会計システムの充実と中長期的かつ総合的な経営政策が求められている。なお，大手民鉄とは，小田急，京王，京急，京成，相鉄，西武，東武，東急，東京メトロ，名鉄，京阪，近鉄，阪急，阪神，南海，西鉄の16社である。以下では，大手民鉄の概要について，日本民営鉄道協会の大手民鉄データブック2011「大手民鉄の素顔」の資料と南海電気鉄道株式会社（以下，当社）の事例で説明した後，大手民鉄の管理会計システムについて，筆者が大学院在籍中に大手民鉄に対して実施した『管理会計システムに関するアンケート調査』の結果にも触れながら述べたい。

第Ⅱ部

第3章

大手民鉄の概要と特徴

　第3章では大手民鉄の概要と特徴について述べる。まず，輸送人員の動向や事業構造，財務内容の特徴などについて触れた後，大手民鉄が実施してきた新会計基準への対策と管理会計，今後の経営改革の方向性と管理会計などのテーマで述べる。

第Ⅱ部　大手民鉄の管理会計システム

1　大手民鉄の概要と特徴

　本節では，大手民鉄鉄道事業データブック2011「大手民鉄の素顔」（日本民営鉄道協会）を参照しながら大手民鉄の概要と特徴について述べたい。

　大手民鉄の輸送人員と旅客運輸収入は，以下の図表3－1「大手民鉄16社の輸送人員の推移」と図表3－2「大手民鉄の現況（単体）」が示すように，景気の動向などが変動要因としてあるものの少子高齢化の進展などに伴い減少傾向にある。

　図表3－1の「大手民鉄16社の輸送人員の推移」については，旅客輸送人員は1991年をピークに減少傾向にあり，最近数年はようやく横ばいで推移しているのがわかる。また，旅客輸送人員を定期外と定期に分けると定期外は増加しているが定期は大きく減少しており，少子高齢化に伴う生産人口（労働力の中核とされる15歳以上65歳未満の人口層）の減少と景気の長期的低迷が影響していると考えられる。図表3－2の「大手民鉄の現況（単体）」では，鉄軌道部門の営業収益や旅客営業キロ程，旅客輸送人員，従業員数など各社の事業規模をしめした。

　また，大手民鉄の事業内容は運輸業と不動産業，流通業，レジャー業，建設業，その他業などのセグメントから構成されているが，図表3－3の「2010年大手民鉄16社の経営成績」のとおり，営業収益合計が対前年で減少している事業者が多く，鉄軌道部門の営業収益の減少を付帯事業の営業収益が補うまでには至っていないと考えられる。

第3章　大手民鉄の概要と特徴

（図表3－1）　大手民鉄16社の輸送人員の推移

〔旅客合計の推移〕

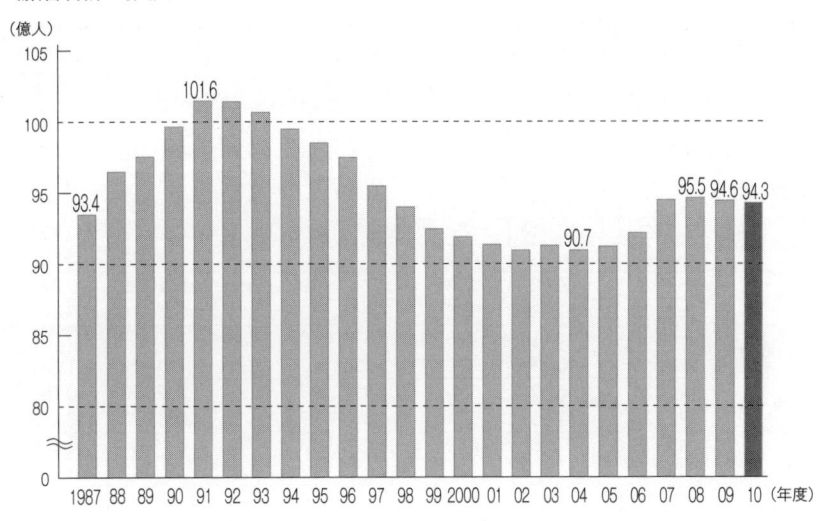

（億人）

1987年度: 93.4、1991年度: 101.6、2004年度: 90.7、2007年度: 95.5、2008年度: 94.6、2010年度: 94.3

〔定期・定期外別増減の推移〕

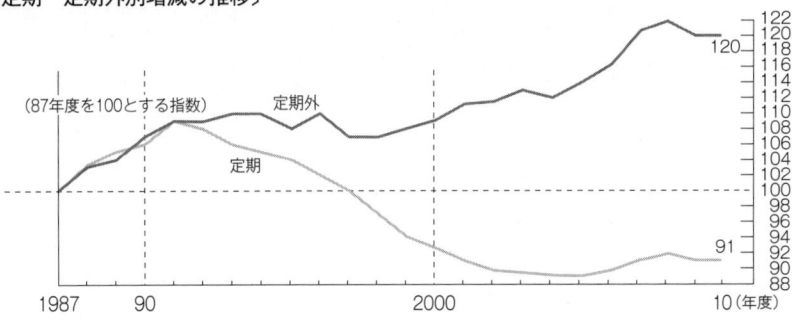

（87年度を100とする指数）

定期外: 2010年度 120
定期: 2010年度 91

（出所）　大手民鉄鉄道事業データブック2011「大手民鉄の素顔」日本民営鉄道協会

第Ⅱ部　大手民鉄の管理会計システム

(図表3－2)　大手民鉄の現況(単体)

大手民鉄の現況(単体)

社名	資本金 (百万円)	鉄軌道部門収益		旅客営業 キロ程 (km)	駅数 (駅)	在籍 客車数 (両)	旅客 輸送人員 (千人)	旅客輸送 人キロ (百万人キロ)
		営業収益 (百万円)	全事業収益に占める鉄軌道部門収益の割合(％)					
東武	102,135	155,305	72.8	463.3	203	1,998	863,087	12,278
	66,166	156,415	69.9	463.3	203	1,998	866,313	12,389
西武	21,665	101,219	72.5	176.6	92	1,282	617,771	8,574
	21,665	101,937	61.3	176.6	92	1,294	625,860	8,753
京成	36,803	55,900	77.6	152.3	69	610	258,808	3,627
	36,803	53,303	78.6	102.4	64	578	257,358	3,583
京王	59,023	80,621	68.3	84.7	69	853	625,439	7,343
	59,023	82,332	68.6	84.7	69	881	633,175	7,471
小田急	60,359	114,116	73.8	120.5	70	1,083	710,405	11,066
	60,359	115,324	72.9	120.5	70	1,097	711,469	11,084
東急	121,724	145,797	53.0	104.9	98	1,195	1,062,590	10,160
	121,724	147,254	52.1	104.9	98	1,182	1,066,673	10,202
京急	43,738	77,767	73.9	87.0	73	774	437,351	6,174
	43,738	77,416	75.5	87.0	72	766	439,122	6,223
東京メトロ	58,100	327,946	97.0	195.1	179	2,707	2,302,197	18,534
	58,100	333,489	97.1	195.1	179	2,717	2,309,568	18,518
相鉄	100	33,054	100.0	35.9	25	398	227,577	2,576
	100	33,207	76.6	35.9	25	408	228,156	2,586
名鉄	84,185	82,251	84.6	444.2	275	1,084	340,386	6,388
	84,185	82,364	84.8	444.2	275	1,090	338,155	6,343
近鉄	92,741	156,513	58.3	508.1	294	1,954	573,522	11,008
	92,741	158,454	59.0	508.1	294	1,960	576,229	11,080
南海	63,739	55,128	69.4	154.8	99	694	226,065	3,686
	63,739	57,327	83.8	154.8	99	694	226,834	3,706
京阪	51,466	53,188	71.0	91.1	89	742	280,599	3,975
	51,466	53,909	73.4	91.1	89	747	283,425	4,033
阪急	100	97,978	57.4	143.6	89	1,319	603,233	8,456
	100	98,561	56.7	146.5	92	1,319	605,964	8,509
阪神	29,384	31,351	39.7	48.9	51	358	205,202	2,021
	29,384	30,345	37.5	48.9	51	358	193,620	1,983
西鉄	26,157	21,512	16.2	106.1	72	329	99,097	1,574
	26,157	22,310	17.4	106.1	72	341	99,230	1,562
合計	851,419	1,589,646	―	2,917.1	1,847	17,380	9,433,329	117,440
	815,450	1,603,947	―	2,870.1	1,844	17,430	17,430	9,461,151	118,025

(注) 1. 原則として第2種鉄道事業分，鋼索鉄道，軌道を含む。
　　 2. 原則として単位未満切り捨て。又，駅数は貨物専用駅を除く。
　　※ 相鉄ホールディングスは2009年9月16日に鉄道事業を相模鉄道（株）に会社分割しています。
　　　ここでの数値は，相鉄ホールディングス並びに相模鉄道（株）を便宜上単純合算して，前年同様の形で表記しています。

(出所)　大手民鉄鉄道事業データブック2011「大手民鉄の素顔」日本民営鉄道協会

第３章　大手民鉄の概要と特徴

上段：2011年３月31日現在
下段：2010年３月31日現在

客車走行キロ（千キロ）	1日1キロ平均 旅客輸送人員（人）	1日1キロ平均 旅客収入（千円）	客車走行1キロ当たり旅客収入（円）	全従業員 人数（人）	全従業員 平均年齢（歳）	鉄軌道部門従業員 人数（人）	鉄軌道部門従業員 平均年齢（歳）	社名
270,107	72,609	823	515	4,631	44.1	4,213	44.2	東武
276,033	73,263	833	510	4,659	43.9	4,267	44.0	
174,437	133,025	1,454	537	3,955	40.5	3,450	40.2	西武
177,956	135,785	1,475	534	3,919	41.1	3,187	40.3	
93,072	71,054	1,025	562	1,721	42.1	1,577	42.2	京成
83,707	95,873	1,333	595	1,736	42.0	1,591	42.0	
118,494	237,527	2,511	655.2	2,386	39.9	2,008	39.1	京王
117,374	241,686	2,561	674	2,402	39.8	2,032	39.4	
168,341	251,590	2,505	655	3,602	39.4	2,983	38.8	小田急
172,782	251,998	2,539	646	3,570	39.5	2,965	38.9	
136,846	265,372	3,339	934	4,217	38.2	3,048	37.2	東急
137,446	267,854	3,390	939	3,756	37.9	2,604	36.7	
109,166	194,452	2,448	678	1,498	38.7	1,275	38.3	京急
109,283	195,998	2,437	681	1,498	38.0	1,251	38.0	
279,971	260,276	4,115	1,047	8,482	38.3	7,909	38.1	東京メトロ
281,632	260,054	4,147	1,048	8,379	38.9	7,808	38.8	
45,863	196,596	2,375	679	1,102	40.9	1,057	40.8	相鉄
46,242	197,383	2,394	678	1,110	40.6	1,060	40.5	
192,434	39,398	479	404	5,142	40.9	4,210	41.3	名鉄
192,230	39,120	479	404	5,155	40.6	4,193	40.9	
298,649	59,360	793	493	8,603	41.9	7,978	42.1	近鉄
301,071	59,747	794	489	8,273	41.8	7,697	42.1	
94,479	65,243	926	553	2,775	40.7	2,336	40.1	南海
93,528	65,594	933	563	2,675	40.5	2,352	40.0	
96,136	119,552	1,500	518	1,664	42.0	1,447	42.0	京阪
96,158	121,289	1,519	525	1,684	41.9	1,477	41.9	
170,687	161,330	1,707	521	2,479	41.3	2,245	41.2	阪急
169,128	159,137	1,677	530	2,448	41.6	2,210	41.6	
43,309	113,214	1,626	670	1,340	40.5	1,073	40.1	阪神
42,473	111,090	1,571	660	1,332	40.4	1,066	40.1	
40,681	40,648	518	493	4,208	42.0	654	39.0	西鉄
41,247	40,353	520	488	4,331	41.0	636	41.0	
2,332,672	―	―	―	57,805	―	47,463	―	合計
2,338,290				56,927		46,396		

第１種鉄道事業／自らが敷設した鉄道線路を使用して鉄道による旅客または貨物の運送を行う事業。
第２種鉄道事業／線路の容量に余裕がある場合には、第２種鉄道事業者に線路を使用させることができる。
第３種鉄道事業／第１種鉄道事業者または第３種鉄道事業者が敷設した鉄道線路を使用して鉄道による旅客または貨物の運送を行う事業。自らは運送を行わず、鉄道線路を敷設し第１種鉄道事業者に譲渡するか、または第２種鉄道事業者に使用させる事業。

第Ⅱ部　大手民鉄の管理会計システム

（図表3－3）　2010年大手民鉄16社の経営成績

2010年度大手民鉄16社の経営成績

社名	連結決算							
	売上高 (億円)	営業利益 (億円)	経常利益 (億円)	当期純利益 (億円)	総資産 (億円)	純資産 (億円)	連結子会社数 (社)	持分法適用 非連結子会社数 (社)
東武	5,571	307	258	131	14,375	2,740	89	0
	5,793	299	227	139	13,985	2,772	94	0
西武	4,590	312	181	72	14,236	2,062	61	0
	4,892	290	123	226	14,646	2,075	68	0
京成	2,378	204	209	120	7,171	1,789	48	0
	2,425	222	219	132	7,385	1,710	46	0
京王	3,911	282	245	92	7,469	2,514	37	6
	4,032	299	262	119	7,317	2,495	36	6
小田急	5,146	327	216	104	12,764	2,071	46	0
	5,304	321	209	122	12,992	2,132	46	0
東急	11,521	571	528	400	19,550	4,165	143	2
	12,301	527	461	148	19,657	3,863	156	5
京急	2,998	195	134	70	9,821	1,853	68	0
	3,058	204	133	73	9,803	1,832	73	0
東京メトロ	3,721	824	641	368	12,616	3,637	12	0
	3,776	853	663	385	12,587	3,350	12	0
相鉄	2,628	157	105	68	5,455	667	36	0
	2,698	135	79	70	5,556	477	35	0
名鉄	6,097	278	230	89	11,493	2,020	134	1
	6,200	169	113	56	11,761	2,063	141	1
近鉄	9,600	399	252	143	18,602	1,743	48	0
	9,607	357	173	36	18,582	1,704	49	0
南海	1,861	199	114	30	7,994	1,284	53	0
	1,858	207	120	99	8,193	1,281	54	0
京阪	2,595	162	118	64	6,062	1,363	36	0
	2,547	137	92	44	5,896	1,330	41	0
阪急	6,387	647	464	180	23,146	4,869	103	0
	6,532	701	504	107	23,373	4,806	99	0
阪神	―	―	―	―	―	―	―	―
	―	―	―	―	―	―	―	―
西鉄	3,238	109	91	57	3,969	1,066	78	0
	3,138	89	68	28	4,051	1,053	81	0
合計	72,250	4,979	3,794	1,995	174,730	33,848	―	―
	74,167	4,817	3,452	1,794	175,793	32,950	―	―

【注1】　1億円未満は切捨表示。
【注2】　西武の連結決算は西武ホールディングスの数値、相鉄の連結決算は相鉄ホールディングスの数値、阪急の連結決算は阪急阪神ホールディングスの数値。

（出所）　大手民鉄鉄道事業データブック2011「大手民鉄の素顔」日本民営鉄道協会

第3章　大手民鉄の概要と特徴

上段：2011年3月期
下段：2010年3月期

持分法適用関連会社数(社)	個別決算						社名
	売上高(億円)	営業利益(億円)	経常利益(億円)	当期純利益(億円)	総資産(億円)	純資産(億円)	
9	2,132	216	142	86	13,326	2,464	東武
9	2,236	228	127	95	12,891	1,739	
1	1,394	271	176	159	7,003	1,100	西武
1	1,661	268	347	200	7,055	976	
6	719	89	94	47	5,159	1,062	京成
6	678	111	106	67	5,120	1,033	
0	1,179	215	172	86	6,660	1,800	京王
0	1,198	224	178	88	6,434	1,786	
1	1,545	264	173	91	10,713	1,923	小田急
1	1,582	294	202	134	10,581	1,995	
13	2,751	451	374	431	15,075	3,715	東急
17	2,827	460	364	56	14,838	3,363	
4	1,051	126	57	37	8,977	1,179	京急
4	1,024	129	69	36	8,948	1,192	
3	3,379	785	605	353	12,551	3,547	東京メトロ
3	3,433	824	635	373	12,513	3,275	
0	330	81	70	41	1,304	393	相鉄
0	433	65	28	19	1,312	369	
14	972	115	76	36	8,025	1,611	名鉄
16	970	62	27	12	8,087	1,698	
6	2,686	312	175	115	15,469	2,022	近鉄
7	2,690	322	162	113	15,380	1,989	
3	793	122	92	67	7,512	1,217	南海
2	684	103	58	60	6,505	1,179	
2	749	125	88	41	4,758	1,201	京阪
2	734	119	68	51	4,667	1,194	
9	1,706	308	175	58	10,734	1,409	阪急
8	1,737	389	269	126	10,710	1,451	
—	787	168	144	62	3,393	1,000	阪神
—	808	179	152	87	3,575	1,030	
8	1,325	64	64	55	3,471	841	西鉄
8	1,280	54	52	46	3,468	822	
—	23,507	3,720	2,687	1,771	134,136	26,491	合計
—	23,982	3,836	2,852	1,570	132,091	25,099	

【注3】　相鉄の個別決算の2010年3月期の数値は，2009年9月16日に会社分割をしたため，相鉄ホールディングス及び相模鉄道（株）を便宜上単純合算して表記。総資産・純資産については，相模鉄道（株）の数値。

2 当社の概要と特徴

当社は，都市部において一定の事業規模を有し，鉄道事業と付帯事業を展開する大手民鉄16社の中の1社であり，大阪南部から和歌山県と徳島県を事業エリアとしている（図表3-4）。

(図表3-4) 事業の内容（単体ベース）
（平成24年3月31日現在）

社 名	南海電気鉄道株式会社
創 業	明治18年12月27日
設 立	大正14年3月26日（会社の設立登記：大正14年3月28日）
資 本 金	637億3,903万4,121円
発行済株式総数	5億2,641万2,232株
株 主 数	56,072名
従 業 員 数	2,734名
本 社	大阪市中央区難波五丁目1番60号
事 業 内 容	鉄道事業 開発関連及び付帯事業 　　開発事業，流通事業，土地建物賃貸事業，遊園事業
営業キロ程	154.8km
車 両 数	710両

事業内容（連結ベース）は，運輸業と不動産業，流通業，レジャー業，建設業，その他業の6つのセグメントから構成されており，おおむね同業他社と同様である。以下の内容についてはハンドブック南海2012年版と2012年（平成24年）3月期の有価証券報告書等より抜粋した。

鉄道業の営業収益は運賃収入を中心としており，図表3-5のとおり，年間輸送実績については景気の変動による回復も期待できるが，長期的には同業他社と同様に少子高齢化の進展により低落傾向にある。一方，鉄道事業営業費の

第3章　大手民鉄の概要と特徴

（図表3-5）　鉄道輸送人員と旅客運輸収入の推移

■輸送人員の推移

年度	定期	定期外	計	定期の割合	1日平均
平.14	148,730 千人	95,098 千人	243,828 千人	61.0 %	668 千人
15	146,287	93,529	239,816	61.0	655
16	144,834	90,217	235,051	61.6	644
17	145,181	88,581	233,762	62.1	640
18	142,425	89,237	231,662	61.5	635
19	143,275	90,330	233,605	61.3	638
20	143,309	89,489	232,798	61.6	638
21	140,288	86,546	226,834	61.8	621
22	139,484	86,581	226,065	61.7	619
23	138,018	85,466	223,484	61.8	611

■旅客運輸収入の推移　　　　　　　　（特別急行料金など含む，消費税を除く）

年度	定期	定期外	計	定期の割合	1日平均
平.14	25,039,715 千円	32,323,115 千円	57,362,830 千円	43.7 %	157,158 千円
15	24,539,409	31,575,736	56,115,145	43.7	153,320
16	24,267,564	30,623,618	54,891,182	44.2	150,387
17	24,293,954	30,266,964	54,560,918	44.5	149,482
18	23,888,758	30,750,563	54,639,321	43.7	149,697
19	24,005,062	31,127,015	55,132,077	43.5	150,634
20	23,930,135	30,611,282	54,541,417	43.9	149,429
21	23,261,331	29,474,045	52,735,376	44.1	144,480
22	22,922,303	29,407,385	52,329,688	43.8	143,369
23	22,548,961	29,047,179	51,596,140	43.7	140,973

（出所）　ハンドブック南海（2012年版）

構成は，人件費や動力費，修繕費などの運送営業費と減価償却費，一般管理費等であり，原価の変動要因は少ない。また，鉄道施設を利用した流通業などの付帯事業も人件費や減価償却費などの固定費が中心となっている。

また，大手民鉄の事業内容はおおむね同様であるが，図表3－6のとおり，当社の企業グループは，子会社63社と関連会社5社で構成され，また，運輸業と不動産業，流通業，レジャー業，建設業，その他業の6つのセグメントから構成されている（2012年3月期の有価証券報告書）。

（図表3－6）　事業の内容（2012年3月期の有価証券報告書）

(1) 運輸業（29社）

事業の内容	会　社　名
鉄　道　事　業	当社
軌　道　事　業	阪堺電気軌道株式会社[1]
バ　ス　事　業	南海バス株式会社[1]　和歌山バス株式会社[1]　関西空港交通株式会社[1]　熊野交通株式会社[1]　徳島バス株式会社[1]
海　運　業	南海フェリー株式会社[1]
貨物運送業	サザントランスポートサービス株式会社[1]　株式会社南海エクスプレス[1]
車両整備業	南海車両工業株式会社[1]（A）　その他18社

(2) 不動産業（4社）

事業の内容	会　社　名
不動産賃貸業	当社
不動産販売業	当社　南海不動産株式会社[1]（A）　その他2社

(3) 流　通　業（7社）

事業の内容	会　社　名
ショッピングセンターの経営	当社
物品販売業	南海商事株式会社[1] その他5社

(4) レジャー・サービス業 (23社)

事業の内容	会　社　名
遊　園　事　業	当社
旅　　行　　業	株式会社南海国際旅行[※1]
ホテル・旅館業	株式会社中の島[※1]
ボートレース施設賃貸業	住之江興業株式会社[※1]
ビル管理メンテナンス業	南海ビルサービス株式会社[※1]（A）
印　　刷　　業	南海印刷株式会社[※1]
広告代理業	株式会社アド南海[※1]　その他16社

(5) 建　設　業 (5社)

事業の内容	会　社　名
建　　設　　業	南海辰村建設株式会社[※1]　株式会社日電商会[※1]　その他3社

(6) その他の事業 (4社)

事業の内容	会　社　名
経理・情報処理業務代行業	南海マネジメントサービス株式会社[※1]（A）　その他3社

（注）1.　※1　連結子会社
　　　2.　上記部門の会社数には当社が重複して含まれております。
　　　3.　当社は（A）の会社に対し業務の委託を行っております。

　なお，当社の経営組織は，同業他社と同じように営業本部制（事業部制組織）を採用しており，関係会社については本社の管理部門であるグループ事業室で統括している。
　次に，連結経営指標等については図表3－7のとおりであるが，鉄道旅客運輸収入は先に述べたように長期的には減少傾向にあり，付帯事業についても企業間競争の高まりなど経営環境は厳しさを増している。また，営業費用については人件費や減価償却費などの固定費がほとんどである。こうしたことから新規事業などの営業展開とともに安全性と品質を維持しつつ固定費の圧縮や不採算事業からの撤退などが重要な経営政策となっている。なお，これまで主とし

第Ⅱ部　大手民鉄の管理会計システム

て金融機関からの借り入れや社債の発行により鉄道施設や流通・不動産の施設を整備し，先行投資により事業を展開してきたこともあって有利子負債依存度（有利子負債／総資産期首期末平均）が高いのも大手民鉄の特徴となっており，当社においても設備投資と有利子負債の管理が重要である。

（図表３－７）　主要な経営指標等の推移（2012年3月期の有価証券報告書）

回　　次		第91期	第92期	第93期	第94期	第95期
決　算　年　月		平成20年3月	平成21年3月	平成22年3月	平成23年3月	平成24年3月
営 業 収 益	百万円	188,254	183,389	185,848	186,164	181,869
経 常 利 益	百万円	18,909	10,593	12,006	11,466	11,067
当期純利益	百万円	11,365	7,374	9,916	3,054	5,686
包 括 利 益	百万円	－	－	－	3,051	9,776
純 資 産 額	百万円	118,656	119,000	128,165	128,467	135,602
総 資 産 額	百万円	806,024	815,758	819,354	799,455	789,591
１株当たり純資産額	円	223.71	224.89	240.97	241.45	254.67
１株当たり当期純利益金額	円	21.68	14.08	18.97	5.84	10.88
潜在株式調整後１株当たり当期純利益金額	円	－	－	－	－	－
自己資本比率	％	14.5	14.4	15.4	15.8	16.9
自己資本利益率	％	9.9	6.3	8.1	2.4	4.4
株価収益率	倍	17.9	31.0	19.6	56.8	32.4
営業活動による キャッシュ・フロー	百万円	34,040	26,695	25,559	33,143	37,764
投資活動による キャッシュ・フロー	百万円	△19,549	△33,172	△15,839	△18,495	△20,228
財務活動による キャッシュ・フロー	百万円	△15,069	11,560	△14,737	△15,064	△16,162
現金及び現金同等物の期末残高	百万円	17,912	22,995	17,979	17,561	18,935
従業員数 [外，平均臨時雇用者数]	人	7,507 [1,841]	7,757 [1,814]	8,278 [1,992]	8,307 [2,044]	8,288 [2,050]

第3章 大手民鉄の概要と特徴

　大手民鉄はターミナル駅周辺や沿線に広大な事業用土地を所有しており，かつてその含み益は資金調達の担保余力として，また，その一部を売却することで決算時での利益ねん出の原資としても利用され大手民鉄の強みであった。しかし，2000年度（平成12年度）以降の新会計制度の導入に際して，事業用土地の含み益を再評価することでバランスシートの上で含み益を顕在化させて販売用不動産の含み損などの処理に充当した事業者が多く，当社においても現在では含み益に依存しないフロー経営を余儀なくされるに至っている（公表済み）。

　こうした経営環境の変化の中で収益と費用やバランスシートに対するアプローチをはじめとして，経営の意思決定や経営計画・予算の策定，実行，評価のプロセスへのサポートなど管理会計が関与すべき領域が一層重要になっていると考えられる。

（筆者のこれまでの担当業務）

　筆者は，1984年（昭和59年）に当社に入社して以来，経理部をはじめとしてグループ事業部（関係会社を統括），関西空港交通株式会社（主たる業務はリムジンバス事業）への出向を通じてそれぞれの部署において経理関係業務を担当した。また，その後，経営政策部において管理会計を中心とした業務を担当し，現在は上場子会社（ゼネコン）に出向中である。

　経理部においては，固定資産管理，工事予算管理と会計処理，販売用不動産と流通事業の会計処理，決算担当総括主任の業務を担当した。

　工事予算の管理については，経営政策部で設備投資予算が策定された後で，経理部において予算内で施行されるか否かを事前に稟議で管理し固定資産の取得に関する伝票処理を行う業務である。大手民鉄は鉄道施設や流通・不動産の施設を整備し，事業を展開しているので，そうした特殊性から予算管理の中での設備投資のウエイトは高く，経営政策部と経理部で二重に管理をしていた。販売用不動産と流通事業については，戦後の都市部への人口流入に対して，住宅開発による宅地の供給がその受け皿としての役割を果たし，流通事業やレジャー事業についても，生活基盤としての役割を担ってきたために大手民鉄の

付帯事業としてウエイトは高い。流通事業については事業の特性から売り上げ重視になりやすいため，設備投資の管理の徹底化と収支予想の精査及びそのフォローアップが必要である。

グループ事業部（関係会社を統括）においては，当時で関係会社50数社，孫会社を含むと100数社に対する投融資と債務保証の基礎資料としての関係会社予算の策定，貸倒懸念債権に対する貸倒引当金や投資損失引当金の算出根拠となる問題会社の実価計算（実質債務超過額の計算）を担当した。連結決算の重視と金融商品会計の導入により，関係会社への対策とともにグループ全体を視野に入れた経営戦略の策定と管理会計の導入が重要である。

関西空港交通株式会社（主たる業務はリムジンバス事業）への出向は，関西国際空港開港前の1994年（平成6年）初めから3年間である。空港開港前は勘定科目の設定にはじまり資金調達など新会社の立ち上げを，空港開港後は毎月の共同運行バス会社との運送収入の精算業務や日常の伝票処理，資金業務，予算管理，決算，税務申告等々の一連の会計業務を経理担当管理職として担当した。開業前には空港アクセスとして鉄道が利用されるとの見方からリムジンバス事業には関心を向けられていなかったが，乗り換えに便利なことと道路網が整備され比較的交通量が少なく渋滞による極端な遅延がないということで，開業当初から予想外の活況であった。経理業務に関しては現在5名で行っているようであるが，筆者の出向当時は効率的な運営を重視し契約社員を1名使いながら経理業務を行った。たとえ厳しい業界であっても，経理業務には相互牽制の意味から現金取扱者，伝票作成者，審査押印担当者の最低3名は必要であると考えている。

1998年（平成10年）からは，経営政策部において，長期経営計画と3か年経営計画及び単年度の設備投資予算を担当した。長期経営計画は10か年収支計画，設備投資計画，資金計画からなり，長期資金調達を目的として金融機関，格付け機関への説明資料としても利用した。3か年計画は，中期の経営方針と経営課題への対策の策定を目的とするとともに経営改革を目的としている。3か年経営計画と単年度予算の詳細についてはあとで述べる。

第3章　大手民鉄の概要と特徴

　以上のように，これまで担当した個別の経理業務の中にも管理会計上の課題が数多くみられ，また，中長期経営計画の策定から単年度の予算管理と業績評価にいたるまで管理会計の経営への貢献度は高く，経営環境の変化の中でその重要性は高まっていくものと考えられる。

　次に，少し古い話になるが，新会計制度に対する大手民鉄の対策にふれながら，管理会計についてもう少し具体的に考えていきたい。以下は各社のプレス発表資料に基づいている。

3　大手民鉄の新会計基準への対策と管理会計について

　1999年度（平成11年度）からの連結決算の重視と連結キャッシュフロー計算書の導入にはじまり，2000年度（平成12年度）からは退職給付会計，金融商品会計，棚卸資産の強制評価減（のち低価法）が，また，2001年度（平成13年度）以降は，持ち合い株式等の時価評価，固定資産の減損会計などが導入された。

　このような一連の会計基準の変更の中で，多くの大手民鉄にとって対策が必要な喫緊の課題は，2000年度（平成12年度）からの退職給付会計導入に伴う退職給付債務に対する積み立て不足の償却の問題と，金融商品会計導入に伴う業績不振関係会社に対する投資簿価の減損処理と貸付債権への手当の問題であった。これらに起因して関係会社の負の遺産が明るみになり，緊急避難的対策とグループ経営の将来ビジョンの策定を必然化した。

　緊急避難的対策としては，時限立法である土地再評価法（2001年度まで）を適用して，まず，含み益を有する土地資産の現物出資により資産保有会社を設立し，業績不振関係会社の株式を当該資産保有会社に譲渡，子会社とした上で，当該資産保有会社の資産を再評価してその原資で業績不振関係会社の負の遺産を処理する方法が考えられた。当社においても，2000年度（平成12年度）にホテル，旅館業の各業績不振関係会社に対して同様の方法がとられた。

　2001年度（平成13年度）までに様々な事業者が土地再評価法の適用により保有土地の含み益を顕在化させることで新会計制度に対応したところである。当

社においても2000年度（平成12年度）に続き2001年度（平成13年度）に，退職給付会計基準変更時差異の一括償却や業績不振の関係会社に対する投資損失引当金の追加計上をはじめとした負の遺産の一括処理と事業用土地の再評価を実施することでバランスシートの透明化と株主資本の充実を図るとともに合理化を柱とした収支改善策を実施した。また，関係会社に対してはこうした緊急避難的対策に加えて，連結決算重視の時代を迎えてさらに広い意味でのグループ経営戦略の策定が必要であった。具体的には，関係会社の清算，育成，売却等の区分（キャッシュフローを中心として）をし，関係各社の将来展望と短期的戦略を策定する必要があった。その上で，予算管理を徹底化しながら関係会社の清算，育成，売却等々の区分に沿って，不採算事業からの撤退，不採算会社の清算を順次すすめ，また，育成する事業については，経営資源を集中的に投入するというグループ経営戦略が連結決算重視の時代のすべての事業者に求められた。さらに，同業種の関係各社の統合と一元管理についても実施に向けて検討する必要があった。

新会計制度の導入に伴う緊急避難的対策は財務会計の問題であるが，グループ全体の経営戦略と関係各社の中長期経営計画の策定と実施は連結決算重視の時代の経営方針と管理会計の重要課題である。

以下では参考までに東武鉄道株式会社，阪急電鉄株式会社，南海電気鉄道株式会社，近畿日本鉄道株式会社および京阪電気鉄道株式会社の事例を取り上げ，これまで述べてきた新会計制度の導入に伴う経営改善策の一部をプレス発表資料に基づいて具体的に述べたい。

・東武鉄道株式会社

東武鉄道株式会社（以下東武）は2000年（平成12年）2月23日に【連結業績予想の修正及び東武グループ経営体質強化に向けての取り組みについて】を，また，2002年（平成14年）1月23日には【中長期経営計画の策定ならびに業績予想の修正および配当に関するお知らせ】を発表し，経営改善策を実施した。

東武は上記の1999年度(平成11年度)決算において，以下の２つの手法で金融商品会計の導入に伴う関係会社対策を実施した。ひとつはＳＰＣ(特定目的会社)を活用した不動産の流動化の手法で，売却額357億円を原資としてホテル事業の関係会社の再編に伴う追加引当を行った。もうひとつは東武が保有する土地・建物及び子会社株式の一部を現物出資して子会社を新設し，「土地の再評価に関する法律」により土地を再評価，その含み益を原資として関係会社に対する追加引当を実施した。現物出資子会社は将来の業種，業態別再編を視野に，流通系，ホテル系，その他の３社とし，処理総額は約1,200億円としている。

また，2001年度(平成13年度)決算においては，販売用不動産の評価減360億円や関係会社に対する追加引当190億円，固定資産の売却損60億円など単体ベースで総額640億円の負の遺産の処理を実施するとともに，事業用土地の再評価を実施し1,100億円の事業用土地の含み損を処理している。こうした処理に伴い発生する欠損金については，法定準備金を資本の４分の１だけを残して取り崩すことにより補填している。

・阪急電鉄株式会社

阪急電鉄株式会社(以下阪急)は，2001年(平成13年)３月30日に【阪急電鉄グループ力の強化に向けて】を発表した。阪急は神栄興産や相栄興産など子会社等が所有する事業用土地を取得し，「土地の再評価に関する法律」により阪急の事業用土地を再評価する中で取得資産の含み損を処理するとともに，一括して管理し効率的に運用するとしている。なお，事業用土地の再評価の実施により697億円の再評価差額金を資本の部に計上しバランスシートの透明性の確保と株主資本の充実を図っている。

また，2001年(平成13年)４月11日には，駅業務の阪急レールウエイサービスへの委託，2002年(平成14年)２月６日には第一ホテルと阪急ホテルズの対等合併などホテル再編，３月14日には阪急不動産の株式交換による完全子会社化，３月29日には車両のリースバックと森組の販売用不動産売却損支援，４月

9日には宝塚ファミリーランド閉鎖ほかレジャー事業撤退，阪急グランドビルと北野阪急ビルの証券化など各事業の再編をすすめた．

・南海電気鉄道株式会社

　南海電気鉄道株式会社（以下南海）は，2000年（平成12年）12月21日に【グループ会社の再編について】，2002年（平成14年）1月18日に【バランスシートの透明化と収支改善策について】，4月4日に【収支改善策の実施並びに新3か年経営計画「創生120計画」の策定について】を発表した．【グループ会社の再編について】では，金融商品会計の導入に伴い，ホテル・旅館関係会社については，まず，土地資産の現物出資により資産保有会社＝ホテル事業統括会社を設立し，業績不振のホテル・旅館関係会社の株式を当該ホテル事業統括会社に譲渡し子会社とした．その後，当該ホテル事業統括会社の資産を「土地の再評価に関する法律」の適用により再評価し，それを原資に業績不振のホテル・旅館関係会社に対して投資損失引当金を設定し負の遺産を処理した．【バランスシートの透明化と収支改善策について】においては，退職給付会計基準変更時差異の一括償却をはじめとした負の遺産の一括処理596億円と事業用土地の再評価を実施しバランスシートの透明化と株主資本の充実を図るとともに合理化を柱とした収支改善策を実施した．負の遺産の一括処理に伴う欠損金は法定準備金の取り崩しで補填するとしている．また，【収支改善策の実施並びに新3か年経営計画「創生120計画」の策定について】では，2002年度（平成14年度）を初年度とする新3か年経営計画を策定し，最終年度の連結ベースでの当期利益50億円をはじめとして，ＲＯＥ，有利子負債残高，連単倍率を目標数値として公表し，あわせて全事業と各営業本部の基本的施策と収支の目標を提示している．

・近畿日本鉄道株式会社

　近畿日本鉄道株式会社（以下近鉄）は，2002年（平成14年）1月25日に【不動産事業の再編に関するお知らせ】を発表した．その中で関係会社の近鉄不動産

第3章　大手民鉄の概要と特徴

のマンション部門を吸収分割の手法により近鉄不動産販売株式会社に承継し，マンション事業を主体とする不動産会社に再生するとともに，近鉄は近鉄不動産の戸建，賃貸部門を吸収合併するとしている。両社は合併に先立ち「土地の再評価に関する法律」により土地を再評価し，合併後，近鉄の土地の含み益で近鉄不動産の土地の含み損を相殺するとしている。また，この再編に合わせて同じ不動産賃貸事業である京近土地と近鉄ビルディングについても近鉄が吸収合併する。

　2001年度（平成13年度）決算においては，上記再編に伴い210億円の損失を計上するほか，事業用土地の再評価を実施し700億円の再評価差額金を資本の部に計上し株主資本の充実を図るとしている。また，近鉄不動産においては販売用不動産の評価減630億円を実施する。

・京阪電気鉄道株式会社

　京阪電気鉄道株式会社（以下京阪）は2002年（平成14年）2月19日に【「京阪グループ新生計画　Re-Born 21」ならびに業績予想の修正および配当に関するお知らせ】を発表した。新生計画　Re-Born 21では，本体は鉄道事業とデベロッパー事業に特化し，その他の事業については，順次，業種業態に応じた組織や人事体制の別法人にすることとし，事業持株会社制へ移行するとのビジョンを示した。その中で不動産販売事業は京阪電鉄不動産に集約，また，流通事業は京阪ザ・ストアおよび京阪百貨店に移管するなど京阪グループ全体を9つの事業群に区分しそれぞれを自立した企業群として成長を図るとしている。

　また，2001年度（平成13年度）決算においては，販売用不動産の評価減302億円や関係会社に対する追加引当111億円など単体ベースで総額424億円の負の遺産の処理を実施するとともに，事業用土地の再評価を実施し372億円の再評価差額金を資本の部に計上するとしている。こうした処理に伴い発生する欠損金については，法定準備金を取り崩すことにより補填している。

　以上が大手民鉄の経営環境の変化と新会計制度の導入に対する経営改善策の

71

概要の一部であり大規模なものであったが、各社とも土地の含み損や関係会社対策などの負の遺産の抜本的な処理と事業用土地の再評価により、次年度以降の収支改善とバランスシートの透明化をすすめた。また、それとあわせて賃金水準の切り下げや従業員数の削減をはじめとする合理化を実施し、景気の長期的低迷と少子高齢化やモータリゼーションなどの構造的要因に起因する営業収益の継続的な減少に対応した。次節では、これらの経営改善策を踏まえて今後の経営改革と管理会計のテーマで検討したい。

4　経営改革の方向性と管理会計について

　大手民鉄は上記の対策以降も経営改善策を継続的に実施してきたが、冒頭にも述べたように、景気の長期的低迷に加えて少子高齢化による輸送人員の減少や道路交通網の整備によるモータリゼーションの進展などの構造的要因が収益減少の大きな原因となっており、安定した経営と健全な財務体質をどのように再構築していくかが重要課題となっている。また、強みであった土地の含み益を顕在化させることで新会計制度に対応したためにフロー経営を余儀なくされるにいたっていることについてはすでに述べたとおりである。
　こうした中で、次の3つの視点が経営改革の方向性として考えられる。ひとつは、バランスシートの健全化の課題である。2つ目は安全性と品質の維持を前提に人件費、経費等の削減を柱とした合理化と増収努力によるフロー経営の再構築である。3つ目は分社化についての検討である。なお、文中、意見にわたる部分は筆者個人のものであることを予めお断りしておく。

(1)　バランスシートの健全化について

　バランスシートの健全化は過剰資産、過剰債務の解消であるとともに含み損と不良資産の解消であって、過去の負の遺産の処理は収支の改善に大きく貢献すると考えられる。また、時価会計の導入と連結決算の重視による会計基準の変更はバランスシートの健全化を要求している。

まず、設備投資額についてであるが、過大投資は減価償却費と金利負担を通じて収支の圧迫要因となるので、確固とした将来見通しのもとで慎重に決定すべきである。また、過剰債務の解消にはキャッシュフローを勘案しながら、たとえば減価償却費の範囲内に年間設備投資額を圧縮して、有利子負債の増嵩を抑制していく必要がある。右肩上がりの経済を前提とした場合は、土地資産への投資を含めた借入金依存の先行投資が経営戦略として有効であったが、先に述べた社会経済環境の変化により低成長が見込まれる場合は、従来の戦略の見直しが必要であり、資産、負債の圧縮と資産効率のアップが求められている。

バランスシートの健全化の課題のうち、過剰資産と過剰債務の解消や関係会社に対する投融資の課題などについてはこれまで述べてきたとおりであるが、販売用不動産についても、地価の動向を注視した対策による資産内容の健全化が重要である。

(2) フロー経営の再構築について

2つ目の人件費、経費等の削減を柱とした合理化と増収努力によるフロー経営の再構築についてであるが、経営環境の変化の中で安全と品質を維持しつつローコストオペレーションを推進することが重要である。

人件費の削減については、業務内容の見直しにより安全と品質を維持しつつ定年退職等の自然減などで要員を削減するとともに、賃金水準を見直し生産性の向上を図っていく必要がある。また、業務内容によってはアウトソーシングも考えられる。経費の削減については、諸経費の見直し等によるコストダウンを中長期経営計画の中で検討する必要がある。減価償却費と支払利息は、バランスシートの健全化を通じて削減すべき項目である。

また、増収努力としては、営業努力による既存資産の効率性アップや設備投資計画に基づく新規事業の展開、M&Aによる多角化等が考えられる。

(3) 分社化について

最後に、分社化について検討したい。

第Ⅱ部　大手民鉄の管理会計システム

　分社のメリットとしては，まず，事業本部ごとに分社化することによって，それぞれの事業に見合う勤務体系や賃金体系等々の就業条件の再構築が，様々な事業が一体となった組織と比較して容易になり，効率的な運営に移行できるということである。また，分社によって小回りの利く組織を構築することは，通常業務における意思決定を早めるとともに，事業からの撤退や他社への売却あるいは他社との合弁，合併等々の事業の再編を容易にすると考えられる。

　ここで検討した経営改革の方向性に関わる3つ視点，すなわち，バランスシートの健全化の問題と合理化等によるフロー経営の再構築，そして分社化の検討はいずれにおいても，既述のとおり管理会計が重要な位置を占めていると考えられる。

　第3章では大手民鉄の概要と特徴について述べた（図表3-8）。次の章では，大手民鉄の管理会計システムについて述べたい。

第3章 大手民鉄の概要と特徴

(図表3-8) 大手民鉄の概要と特徴のまとめ

項　　目	内　　容
大手民鉄の概要と特徴	大手民鉄の輸送人員と旅客運輸収入は，景気の動向などが変動要因としてあるものの少子高齢化の進展などに伴い減少傾向にある。営業収益が対前年で減少している事業者が多く，鉄軌道部門の営業収益の減少を付帯事業の営業収益が補うまでにはいたっていないと考えられる。また，営業費用については固定費がほとんどである。こうしたことから新規事業などの営業展開とともに安全性と品質を維持しつつ固定費の圧縮などが重要な経営政策となっている。なお，これまで主として金融機関からの借り入れや社債の発行による先行投資により事業を展開してきたこともあって有利子負債依存度が高いのも大手民鉄の特徴となっている。 　こうした経営環境の変化の中で収益と費用やバランスシートに対するアプローチをはじめとして，経営の意思決定や経営計画・予算の策定，実行，評価のプロセスへのサポートなど管理会計が関与すべき領域が一層重要になっていると考えられる。
当社の概要と特徴	都市部において一定の事業規模を有し，鉄道事業と付帯事業を展開する大手民鉄16社の中の1社であり，大阪南部から和歌山県と徳島県を事業エリアとしている。事業内容は，運輸業と不動産業，流通業，レジャー業，建設業，その他業の6つのセグメントから構成されており，おおむね同業他社と同様である。
新会計基準への対策と管理会計	1999年度（平成11年度）からの新会計制度の導入に伴う対策は財務会計の問題であるが，グループ全体の経営戦略と中長期経営計画の策定と実施は管理会計の重要課題である。
経営改革の方向性と管理会計	経営改革の方向性に関わる3つ視点，すなわち，バランスシートの健全化の問題とフロー経営の再構築，そして分社化の検討は管理会計が重要な位置を占めていると考えられる。

第Ⅱ部　大手民鉄の管理会計システム

【参考文献】
日本民営鉄道協会　大手民鉄データブック2011「大手民鉄の素顔」
ハンドブック南海2012年版
南海電気鉄道株式会社『有価証券報告書（2012年3月期）』

【プレス発表資料】
（東武鉄道株式会社）
　2000年（平成12年）2月23日【連結業績予想の修正及び東武グループ経営体質強化に向けての取り組みについて】
　2002年（平成14年）1月23日【中長期経営計画の策定ならびに業績予想の修正および配当に関するお知らせ】
（阪急電鉄株式会社）
　2001年（平成13年）3月30日【阪急電鉄グループ力の強化に向けて】
（南海電気鉄道株式会社）
　2000年（平成12年）12月21日【グループ会社の再編について】
　2002年（平成14年）1月18日【バランスシートの透明化と収支改善策について】
　2002年（平成14年）4月4日【収支改善策の実施並びに新3か年経営計画「創生120計画」の策定について】
（近畿日本鉄道株式会社）
　2002年（平成14年）1月25日【不動産事業の再編に関するお知らせ】
（京阪電気鉄道株式会社）
　2002年（平成14年）2月19日【「京阪グループ新生計画　Re-Born 21」ならびに業績予想の修正および配当に関するお知らせ】

第4章
大手民鉄の管理会計システム

　大手民鉄の最近の特徴は，すでに述べたように，営業費用のうち固定費が大部分を占める中で営業収益が低下傾向にあることや有利子負債依存度が高いということである。こうした中で，収益と費用やバランスシートに対するアプローチをはじめとして，経営の意思決定や経営計画・予算の策定，実行，評価のプロセスへのサポートなど管理会計が関与すべき領域が一層重要になってきている。本章では，大手民鉄の管理会計システムについて，先行研究と筆者が2006年3月期に東京メトロを除く大手民鉄15社に対して実施した『管理会計システムに関するアンケート調査』の結果にも触れながら述べたい。なお，管理会計の項目を以下の通り先行研究に沿って，1　経営計画及び予算の策定とPDCAサイクルの活用，2　経営計画と予算における目標数値，3　各部門への責任利益の配賦，4　グループ経営管理と権限委譲，撤退基準，5　業績評価に大別している。参考文献は本章の末尾に記載のとおりである。なお，文中，意見にわたる部分は筆者個人のものであることを予めお断りしておく。

1 経営計画及び予算の策定とPDCAサイクルの活用

　先行研究によると中長期経営計画は経営戦略を数字によって裏付けたものであり，全事業，部門別，施設別，関係会社別にきめ細かく策定する必要がある。また，単年度予算は中長期経営計画を受けて策定される総合計画であり，経営計画と同様に重要である。経営計画と予算の策定方針はトップダウンで決定されるのが一般的であるが，策定過程においては，スタッフ部門と各部門・各関係会社との間の情報交換を通じた調整と査定が重要である。シングルループ・フィードバックのシステムは経営戦略をサポートする管理会計の通説であるが，経営環境の変化に応じて経営戦略の管理と経営計画・予算の管理の相互作用が重要になってきており，経営戦略と予算の両方をコントロールするダブルループ・フィードバックのシステムが提起されている。また，アウトプットが発生する前の段階でアウトプットを予測し，アウトプット目標が未達であるなら，インプットかプロセスを修正するか，アウトプット目標そのものを修正するフィードフォワードのシステムも提起されている（丸田起大，2004年他）。

　筆者が大手民鉄15社に対して実施した『管理会計システムに関するアンケート調査』の結果によると，PDCAサイクルの活用状況は回答を得た8社のうち6社が中程度以上であり，大手民鉄においては概ね活用されている。経営環境の変化に伴い業績の管理と評価を徹底する必要性が高まり，経営計画と予算（損益，資金及び設備投資）についてPDCAサイクルが一層重視されている。

　経営計画の策定単位については，8社全てが全事業連結と全事業単体を策定している。5社がセグメント別の連結と単体の両方またはどちらかを策定し，部や課単位，関係会社別まで策定している。一方，予算の策定単位については経営計画とほぼ同様であるが，2社が施設別，物件別まで策定しており，経営計画よりもきめ細かな単位で策定されている。予算管理におけるチェックとフォローアップの頻度については，1社が1か月毎に実施し，他の各社も3か

第4章　大手民鉄の管理会計システム

(図表4－1)　アンケート調査結果（経営計画及び予算の策定と
　　　　　　　PDCAサイクルの活用）

項　　　　目	内　　　　　　容
経営計画と予算（損益，資金及び設備投資）のPDCAサイクル	回答を得た8社のうち6社が中程度以上に活用しており，大手民鉄においては概ね活用されている。経営環境の変化に伴い業績の管理と評価を徹底する必要性が高まり，一層重視されている。
策　定　単　位	経営計画は8社全てが全事業連結と全事業単体を策定。5社がセグメント別の連結と単体の両方またはどちらかを策定し，部や課単位，関係会社別まで策定している。 　予算の策定単位については経営計画とほぼ同様。2社が施設別，物件別まで策定しており，経営計画よりもきめ細かな単位で策定していることは評価できる。
フォローアップ	1社が1か月毎，他の5社も3か月毎に実施しているので評価できる。

月毎に実施しているので評価できる（図表4－1）。

2　経営計画と予算における目標数値

　経営計画や予算における目標数値については，すでに述べたように，資産の収益性や効率性，キャッシュフロー，設備投資に関する以下の指標が考えられる。先行研究によると利益と使用資産の関係をみる指標としてはROA（総資本利益率）とROI（投下資本利益率），RI（残余利益），EVA（経済的付加価値．スターンスチュアート社の登録商標）などである。EVAは株主や債権者を重視した業績評価指標として注目されている（門田安弘他，2003年．櫻井通晴，2004年）。また，キャッシュフローに関してはフリーキャッシュフローの他にCFROI（キャッシュフロー投資利益率），EBITDA（支払利息，税金，減価償却控除前利益），キャッシュベースの売上高営業利益率が利用できる。設備投資に関する指標は，原価比較法，投資利益率法，平均投資利益率，回収期間法，内

部利益率法,現在価値法がある(櫻井通晴,2004年他)。

『アンケート調査結果』によると,経営計画の目標数値については,収益性に関連する項目として回答を得た8社のうち6社がROAやROE,経済的付加価値を挙げている。また,連結ベースの営業利益をはじめ経常利益や当期利益などは重要指標である。一方,安全性の関連では2社が設備投資と有利子負債残高,4社が有利子負債関係を挙げている。予算の目標数値についてもほぼ同様で,民鉄は目標数値としてROAやROE,有利子負債関係などの指標を利用していることがわかった(図表4-2)。

大手民鉄の有利子負債依存度については,2002年3月期に時限立法であった土地再評価法を適用している会社と適用していない会社があるので単純に比較できないが,各社とも一部を除き50%から60%台で他の産業と比較して高い。キャッシュフローに関する指標では有利子負債/EBITDA倍率が重要であると考えている。有利子負債/EBITDA倍率の適正水準は10倍とされているが,これまで述べてきたように事業の特殊性により超過している。また,設備投資は意思決定会計とされているが,減価償却費や租税公課,金利負担を通じて損益に影響を与えるので業績評価指標としても重要である。

(図表4-2) アンケート調査結果(経営計画と予算における目標数値)

項　　目	内　　容
目標数値	収益性に関連する項目として回答を得た8社のうち6社がROAやROE,経済的付加価値を挙げており評価できる。一方,安全性の関連では2社が設備投資と有利子負債残高,4社が有利子負債関係を挙げている。予算の目標数値は経営計画とほぼ同様。
有利子負債依存度	各社とも一部を除き50%から60%台で他の産業と比較して高く,有利子負債残高と有利子負債関係を安全性に関する目標数値に挙げている。

3　各部門への責任利益の配賦

　市場競争の激化に伴い事業部制組織はカンパニー制に移行すると考えられており，大幅な権限委譲による機敏な行動の確保などがその理由とされている（加登豊，1999年．櫻井通晴，2004年）。わが国産業界をリードする企業の『社内カンパニー制に関する実態調査』によると，移行の理由は大きな順から「意思決定の迅速化」，「分権化の推進のため」，「自己完結性の徹底」，「業績評価の厳密性」，「管理階層の少数化」である（市村巧，2000年）。カンパニーの業績評価基準としては「経常利益」を採る会社が多い（木村幾也，2000年）。
　筆者はかつて管理会計システムの充実に向けた取り組みの1つとしてカンパニー制を検討した。当社は事業部制組織を導入しているが，カンパニー制への移行によって分権化のメリットを享受するとともに各部門のバランスシートから責任利益（配当所要額）が合理的に算出できると考えたからである。しかし，民鉄における使用資産は，鉄道事業固定資産に流通や不動産などの各事業の建物，建物付属設備，構築物等が一体となっている場合が多く，また，営業面では相互依存の関係にあるので，各事業の収益性に見合う資産の切り出しは難しい。筆者は有価証券報告書（2002年3月期，土地再評価後時価ベース）から各部門のバランスシートを算出したが，10％配当を前提とした場合，鉄道部門の計算上の配当負担額に対して実際の鉄道部門の損益は大きかった。また，不動産・流通部門についてもバランスシートからの計算上の配当負担額に対して実際の不動産・流通部門の損益は遙かに大きかった。鉄道事業固定資産に依存し，不動産・流通部門専属の固定資産が過小のため計算上の配当負担額も小さくなったと考えられる。また，不動産販売部門については，計算上の負担額に対して損益はマイナスであったが，当該部門は旅客誘致を通じて黒字部門に貢献している。このように財務会計の切り口で設立された各カンパニーの配当所要額と各部門の損益予想との乖離が大きくなった。仮に各部門の収益性に見合う配当率を配賦したとしても，配賦のプロセスに恣意性が入るので問題である。

以上により責任利益の各部門への配賦について，カンパニー制を導入して各部門のバランスシートから責任利益（配当所要額）が合理的に算出することが困難であるとの結論に達した。

筆者が大手民鉄15社に対して実施した『アンケート調査』では各部門の利益管理の基準を質問した。少なくとも経常段階での管理が安全性やキャッシュフローの面から必要であるが，資本コストも考慮していると評価できる。回答を得た8社のうち2社だけが資本コストも考慮して各部門を管理している。すなわち，1社はキャッシュフローに関する指標と各部門の投下資本（有利子負債＋資本）に応じた資本コスト賦課後の貢献利益を併用している。あとの1社は配当金負担後利益で管理している（図表4-3）。

(図表4-3) アンケート調査結果（各部門への責任利益の配賦）

項　　　目	内　　　容
各部門の利益管理の基準	少なくとも経常段階での管理が安全性やキャッシュフローの面から必要であるが，回答を得た8社のうち2社だけが資本コストも考慮して各部門を管理しており評価できる。1社はキャッシュフローに関する指標と各部門の投下資本（有利子負債＋資本）に応じた資本コスト賦課後の貢献利益を併用している。あとの1社は配当金負担後利益で管理している。 　筆者はかつてカンパニー制の導入を検討した。各部門のバランスシートから責任利益（配当所要額）が合理的に算出できると考えたからである。しかし，民鉄における使用資産は，鉄道事業固定資産に流通や不動産などの各事業の建物，建物付属設備，構築物等が一体となっている場合が多く，また，営業面では相互依存の関係にあるので，各事業の収益性に見合う資産の切り出しは難しい。筆者の試算でも財務会計の切り口で設立された各カンパニーの配当所要額と各部門の損益予想との乖離が大きくなった。 　こうしたことから責任利益の各部門への配賦について，カンパニー制を導入して各部門のバランスシートから責任利益（配当所要額）が合理的に算出することが困難であるとの結論に達した。

4 グループ経営管理と権限委譲，撤退基準

　設備投資と資金調達の決済権限は権限委譲の程度を知る上で重要である。筆者が大手民鉄15社に対して実施した『アンケート調査』では，まず，各部門への権限委譲の状況を知るために設備投資と資金調達に関する決済権限の所在について質問した。新規の設備投資に関する各部門の決裁権限については，回答を得た4社のうち2社は一物件につき100百万円までで他社と比較して評価できる。30百万円までと10百万円までがそれぞれ1社である。資金調達の権限については，ほとんどがスタッフ部門にある。

　また，関係会社の経営管理について，業務に関する本社スタッフ部門の関係会社に対する関与の程度について質問した。分権化の進展により日常業務における関与は小さくなっている必要があるが，回答を得た8社のうち2社だけがスタッフ部門の関与が少なく課題的業務だけである。次に，関係会社管理における目標数値について質問した。収益性に関する指標は4社が売上高経常利益率やROA，ROE，経済的付加価値を挙げている。安全性の関連では4社が設備投資，5社が有利子負債関係を挙げている。

　以上から，大手民鉄の各部門への権限委譲はあまり進まず，関係会社管理では本社スタッフ部門の関与の程度は総じて高く，目標数値は本社部門とほぼ同じ指標を利用していると考えられる。他の産業では製造子会社や販売子会社を各部門の傘下で統括しているケースが多いが，大手民鉄の場合は事業の多角化や独立採算制の確立を目的に別会社化しており，関係会社の位置づけが異なっているので，現状ではスタッフ部門による関係会社管理が有効である。しかし，今後は別会社化のメリットを享受するために権限委譲を進め，本社スタッフ部門は目標数値の管理と関係会社間の調整に徹する必要がある。

　続いて財務指標の健全化に必要な不採算事業と不採算会社からの撤退基準について質問した。2社が不採算事業からの撤退基準を有しており，各社の基準はそれぞれ①3期連続で営業赤字の事業については他の要因を総合的に判断し

て撤退している。②赤字で累積損失があり回復見込みがないか，グループ内の他事業とのシナジー効果が望めないなどで撤退している。一方，3社が不採算会社からの撤退基準を有しており，うち2社はそれぞれ上記の不採算事業からの撤退基準①と②と同じで，あとの1社は③連結決算上の3期連続の欠損会社は撤退している（図表4-4）。

（図表4-4） アンケート調査結果（グループ経営管理と権限委譲，撤退基準）

項　目	内　　容
設備投資と資金調達の決済権限	新規の設備投資に関する各部門の決裁権限については，回答を得た8社のうち2社は一物件につき100百万円までで他社と比較して進んでいる。30百万円までと10百万円までがそれぞれ1社である。設備投資と資金調達の権限については，ほとんどがスタッフ部門にある。
関係会社管理	回答を得た8社のうち2社だけがスタッフ部門の関与が少なく課題的業務だけ関与している。権限委譲は進んでいない。
関係会社管理における目標数値	収益性に関する指標は4社が売上高経常利益率やＲＯＡ，ＲＯＥ，経済的付加価値を挙げている。安全性の関連では4社が設備投資，5社が有利子負債関係を挙げている。
撤退基準	2社が不採算事業からの撤退基準を有しており，各社の基準は①3期連続で営業赤字の事業については他の要因を総合的に判断して撤退する。②赤字で累積損失があり回復見込みがないか，グループ内の他事業とのシナジー効果が望めないなどで撤退している。また，3社が不採算会社からの撤退基準を有しており，うち2社はそれぞれ上記の不採算事業からの撤退基準①と②と同じで，あとの1社は③連結決算上の3期連続の欠損会社は撤退している。

5　業績評価

　多くの日本企業において，経営環境の変化に伴い業績を報酬や昇進，昇格などと連動させる必要があると考えられ，成果主義をベースに目標管理制度が導入された。しかし，その後，成果主義に対する年功制の優位性が指摘され（高橋伸夫，2004年），また，目標管理制度を実際に運用するに際して様々な成果主義の課題が指摘された（城繁幸，2005年）。例えば，目標設定の水準や業績の測定方法の問題，目標と現状のミスマッチ，達成度だけで絶対評価は不可能で相対評価を入れざるを得ないことなどが指摘された。しかし，企業間競争が激化する中で業績を人事制度に連動させることが趨勢となっており，目標管理制度の課題を修正しつつ運用せざるを得ない。

　業績評価においては，全体を考慮した上で財務指標が優先されるべきであるが，非財務指標を考慮することは，品質や安全，環境との関連や財務指標との因果関係から重要であると考えられる。顧客満足度の向上や業務改善に関する項目などである。

　大手民鉄15社に対して実施した『アンケート調査』では，以下の6項目に関する非財務指標に関心があるか否かを質問した。①経営戦略，②分社化や外注化などの運営方法，③業務プロセスの改善，④賃金カットや従業員数の削減などの合理化策，⑤苦情の件数など顧客満足度，⑥従業員の学習や成長を促す教育訓練などである。回答を得た8社のうち数社が挙げる程度で非財務指標に対する関心は低いことがわかったが，その中で④の合理化策と⑥の従業員教育をそれぞれ3社が挙げており比較的関心が高いと考えられる。次に，業績評価における財務指標と非財務指標のウエイトについて質問したが，1社を除き財務指標を優先している。また，業績を従業員の報酬などに反映させることは重要であるが，1社を除き中程度以下の反映の度合いであった（図表4－5）。

(図表4－5) アンケート調査結果（業績評価）

項　　目	内　　　容
目標管理制度	以下の6項目に関する非財務指標を考慮しているか否かを質問した。①経営戦略に関係する指標，②分社化や外注化などの運営方法に関する指標，③業務プロセスを改善するための指標，④賃金カットや従業員数の削減などの合理化策，⑤苦情の件数など顧客満足度に関する指標，⑥教育訓練など従業員の学習や成長を促すための指標である。
非財務指標に対する関心	回答を得た8社は総じて非財務指標に対する関心は低い。 ④の合理化策と⑥の従業員教育をそれぞれ8社のうち3社が挙げており比較的関心が高いと考えられる。 業績評価指標として非財務指標を考慮することは，品質や安全性，環境との関連や財務指標との因果関係から重要であると考えられている。
財務指標と非財務指標のウエイト	業績評価における財務指標と非財務指標のウエイトについて，1社を除き非財務指標より財務指標を優先している。
報酬などに反映度合い	業績を従業員の報酬などに反映させることは重要であるが，1社を除き中程度以下の反映の度合いであった。

むすび

　大手民鉄の管理会計システムについて，アンケート調査の結果に触れながら述べた。明治期の産業資本の黎明期において，大手民鉄は管理会計・原価計算のパイオニアであったが，その後の経営の多角化の中で先行研究との間で差異が生じて遅れている事項については，民営鉄道事業の特徴や業界の現状などを踏まえた上で再検討が必要である。

　また，少子高齢化や企業間競争の激化など経営環境が大きく変化する中で今後も安定的に発展していくためには，損益構造やバランスシート，あるいはキャッシュフローに対して管理会計システムを十分に機能させるにとどまらず，有利子負債の削減や収益性の向上に結びつく中長期的かつ総合的な経営政策が求められている。たとえば，他の産業と比較して高い有利子負債依存度の引き

下げを目的とした事業再編や新規事業の展開の検討などが成熟社会での経営課題であると考えられる。

(注) 大手民鉄16社は，小田急，京王，京急，京成，相鉄，西武，東武，東急，東京メトロ，名鉄，京阪，近鉄，阪急，阪神，南海，西鉄の各社である。また，『管理会計システムに関するアンケート調査』は，東京メトロを除く大手民鉄15社に対して，筆者が大阪府立大学大学院博士後期課程に在籍中の2005年6月に実施した。

【参考文献】

櫻井通晴（2004）『管理会計（第三版）』同文舘出版　pp.45-55　pp.100-106　pp.118-122　pp.459-468　pp.496-499

丸田起大（2004）「戦略経営と管理会計－フィードフォワード・コントロールの視点から－」『管理会計学』Vol.12　No.2

門田安弘編著（2003）『管理会計学テキスト（第3版）』税務経理協会pp.120-124　pp.131-137　pp.195-210

加登　豊（1999）『管理会計入門』日本経済新聞社　pp.175-179

市村　巧（2000）「カンパニー制における社内貸借対照表」『企業会計』Vol.52　No.8　中央経済社

木村幾也（2000）「社内カンパニー制における管理会計情報」『企業会計』Vol.52　No.8　中央経済社

高橋伸夫（2004）『虚妄の成果主義　日本型年功制復活のススメ』日経BP社

城　繁幸（2005）『日本型「成果主義」の可能性』東洋経済新報社　pp.79-123

谷　武幸（2011）『エッセンシャル管理会計（第2版）』中央経済社

【初　出】

片岡健治（2008）「民営鉄道の管理会計システム」『企業会計』Vol.60　No.11　中央経済社

第5章

大手民鉄におけるバランスト・スコアカードの試み

　大手民鉄における管理会計の充実のための具体的な方法は，経営計画と予算のいずれにおいても連結ベースの収支，設備投資及び資金計画を基本としている。そのため，責任利益の達成をはじめとして有利子負債／ＥＢＩＴＤＡ倍率や投資収益率などの財務指標による業績評価が中心となっている。もっとも，そうした財務指標を基本としつつも，経営計画や予算は数値のみで策定されているわけではなく，グループ経営戦略に基づいて各部門，各関係会社の事業計画があり，事業計画書には各部レベルまでの業務内容が記載されているのが一般的である。そうした業務内容には非財務的な項目も含んでおり，財務指標による業績評価に加えて，それをどのように企業の業績評価に取り込んでいくかが課題となっている。

　大手民鉄において一般的な人事管理システムである目標管理制度では，経営戦略と全社方針に基づいて策定された各部門の事業計画にそって，上長が部下の業務内容についての進捗状況を管理することにより業績評価を行っている。各事業計画書には様々な課題が網羅的に記載されており，それらが目標連鎖により充分に機能するなら，目標管理制度は一定の成果をあげうる制度であると考えられる。しかし，各部門で策定された事業計画は，上述のとおり，網羅的ではあるが定量的な指標で評価できる項目ばかりではなく，そうした非財務的な項目を長期戦略的な立場を加味して総合的な視点から整理する必要がある。

　そうした目的のために，バランスト・スコアカードの大手民鉄への導入の可能性について検討したい。バランスト・スコアカードは，先に述べたように，①財務②顧客③業務プロセス④学習と成長の4つの視点から企業の業績を評価するが，株主や投資家重視の時代を迎えて，4つの視点のうち財務の視点は最終的な全体業績を表し，その他の3つの非財務的な視点は業績に影響あるいは制約を付与する原因系としており，戦略マップの作成を通じてよりビジュアルに明確化されると考えられる。戦略マップは事業部門ごとの事業戦略を1枚の体系図の中に描き出し，各々の組織や機能が担う戦略施策や業績評価制度の相対的な位置関係や必然性を明らかにするための手法である。戦略マップの意義としては，ひとつは，自社の事業戦略が合理的な構造になっているかを描き出す，2つ目は，事業部門の戦略を一枚の体系図にして業績評価指標とともに組織下位方向にコミュニケーションできる効果的なツールとされている。

　バランスト・スコアカードを大手民鉄に導入するにあたり，以下のとおり，財務，顧客，プロセス，学習・成長の各視点で整理した。以下の文中の（　）は目標単位を示している。なお，文中，意見にわたる部分は筆者個人のものであることを予めお断りしておく。

(1) 財務の視点

　大手民鉄における全事業及び各部門の財務の視点は，これまで述べてきたように収支面では責任利益であり，資金面では有利子負債／ＥＢＩＴＤＡ倍率，設備投資面では投資収益率などの財務指標である。これらが経営計画や予算に対する業績評価の指標となる。また，連結ＲＯＥや連単倍率，連結有利子負債残高もグループ経営重視における財務指標として重要である。

(2) 顧客の視点

　鉄道部門であれば，運賃やダイヤが輸送サービスという商品を基本的に決定しているが，とりわけダイヤについての顧客満足度調査により，ダイヤ改正の内容と実施スケジュールを評価に織り込む必要がある（スケジュール進捗度％）。また，運賃水準の維持についても顧客の視点から重要である。輸送人員の増減についても，収益などの財務指標による評価にとどまらず，新規顧客獲得率や自動車などの他の交通手段との市場占有率の増減という視点から評価する必要がある（獲得率％，占有率％）。また，接客サービスの面では苦情件数，安全面では故障や事故件数などが考えられる（件数）。その他，券売機，自動改札機の駅務機器やＩＣカードの導入，駅ビジネスの展開などの進捗状況も顧客の視点での業績評価の対象となる（設備投資額，進捗率％など）。

　不動産部門では，賃貸物件の老朽化による事故や苦情，空き区画の稼働率向上による賃貸物件の品質の維持などが，流通部門では同じように，商品の返品率，商業施設の事故や故障，商品や接客サービス等に対する苦情，新規顧客の獲得率などが視点として重要である（件数，％）。

　住宅部門においても，住宅物件の品質維持と販売後の物件に対する苦情，新規顧客の獲得率，接客対応，アフターサービスなどが考えられる（件数，％）。

(3) 業務プロセスの視点

　鉄道事業では，設備のレベルが顧客サービスとともに業務プロセスにも影響

を与える。たとえば，券売機や自動改札機などの駅務機器の更新による駅業務の効率化や連続立体高架化工事による輸送効率の向上などである。また，駅務に従事する要員数についても，サービス面，安全面を考慮しつつも適切に配置し，業務プロセスの合理化により業務効率を向上させる必要がある。その一方で，顧客サービスの維持，施設管理の徹底なども重要である。このように，安全面，サービス面あるいは財務面を考慮しつつ，業務プロセスの視点から，設備投資の抑制や要員数の削減，外注化の進捗度も業績評価の指標として取り込んでいくことは重要である（額，人数，%）。

不動産・流通部門であれば賃貸物件の空き区画の稼働率と賃貸物件の品質改善率の管理や新規開発物件の開発期間の短縮，顧客サービスの維持，施設管理の徹底なども重要である。また，安全面，サービス面を考慮しつつ設備投資の抑制や諸経費の削減などが考えられる。

住宅部門であれば，宅地開発期間や宅地建物の在庫率，販売部門の要員数と報酬制度の見直しによる業務効率の向上（%，人数，額）などである。

なお，全社的な取り組みとして業務改善提案件数などが考えられる。

(4) 学習と成長の視点

顧客の視点や業務プロセスの視点で必要な従業員のスキルアップのために，新規顧客を開拓する企画力と営業力，商業施設などの資産の維持管理能力，及び接遇能力を向上させるための教員訓練の実施（回数，%）などが考えられる。

これまで，大手民鉄の全事業で財務，顧客，プロセス，学習・成長の各視点で整理してきたが，バランスト・スコアカードには組織や機能が担う戦略施策や業績評価制度の相対的な位置関係や必然性を明らかにするために各部門の戦略マップの策定が重要である。キャプランとノートンは戦略マップのガイドラインとして，業界や業種を超えて通用する，財務，顧客，プロセス，学習・成長の各視点における「汎用的な戦略パターン」を与えたが，以下では，鉄道部門と流通・不動産賃貸部門における戦略マップ（素案）の策定を試みた（図表5－1，図表5－2）。

第Ⅱ部　大手民鉄の管理会計システム

（図表5－1）　鉄道部門における戦略マップ（素案）

	企業価値の増大 　　　　　　　　　　　↑
財務の視点	(1)　責任利益の達成 (2)　設備投資の削減 (3)　有利子負債の削減 　　　　　　　　　　↑
顧客の視点	(1)　徹底したオペレーション効率の追求による差別化 　　　　顧客満足に基づくダイヤ改正の実施，運賃水準の維持など (2)　顧客関係維持・発展能力による差別化 　　　　苦情件数，故障や事故件数の減少など (3)　製品力・サービス力による差別化 　　　　駅務機器やICカードの導入，駅ビジネスの展開等 　　　　　　　　　　↑
業務プロセスの視点	(1)　イノベーションのプロセス 　　　　駅務機器の更新による駅業務の効率化や連続立体高架化工事の推進による輸送効率の向上など。 (2)　顧客マネジメントのプロセス 　　　　顧客サービスの維持，施設管理の徹底など。 (3)　オペレーションとロジスティクスのプロセス 　　　　設備投資の抑制とサービス面，安全面を考慮した要員数の削減，外注化など。 (4)　環境保全，コンプライアンス遵守のプロセス 　　　　　　　　　　↑
学習・成長の視点	(1)　企業風土 (2)　従業員のスキルレベル 　　　　資産の維持管理能力，及び接遇能力を向上させるための教員訓練の実施など。 (3)　技術（IT）インフラ

（図表5－2） 流通・不動産賃貸部門における戦略マップ（素案）

	企業価値の増大 ↑
財務の視点	(1) 責任利益の達成 (2) 設備投資の削減 (3) 有利子負債の削減
	↑
顧客の視点	(1) 徹底したオペレーション効率の追求による差別化 　　空き区画の稼働率向上による賃貸物件の品質の維持，流通部門では商品の返品率の縮小など。 (2) 顧客関係維持・発展能力による差別化 　　苦情件数，故障や事故件数の減少，新規顧客の獲得率など。 (3) 製品力・サービス力による差別化
	↑
業務プロセスの視点	(1) イノベーションのプロセス (2) 顧客マネジメントのプロセス 　　顧客サービスの維持，施設管理の徹底など。 (3) オペレーションとロジスティクスのプロセス 　　空き区画の稼働率と賃貸物件の品質改善率の管理，新規開発物件の開発期間の短縮，サービス面，安全面を考慮した設備投資の抑制と諸経費の削減 (4) 環境保全，コンプライアンス遵守のプロセス
	↑
学習・成長の視点	(1) 企業風土 (2) 従業員のスキルレベル 　　新規顧客を開拓する企画力と営業力，商業施設などの資産の維持管理能力，及び接遇能力を向上させるための教員訓練の実施など。 (3) 技術（IT）インフラ

（参考２） 運賃制度
（明治安田アセットマネジメント　アナリスト・コラム
2011.4.1発行の要約）

　大手民鉄の輸送人員と旅客運輸収入は減少傾向にあるが，本節では旅客運輸収入の基本である運賃制度の考え方について，簡潔で理解が容易な明治安田アセットマネジメントのアナリスト・コラム（2011.4.1発行）を要約することで触れておきたい。

(1) 上限認可制

　ＪＲや大手民鉄の運賃制度は「鉄道事業法」に定められているが，運賃は，国土交通大臣の上限認可制で，上限の範囲内であれば届出により運賃を機動的に設定・変更できる。

(2) 総括原価方式

　上限額の水準は，「鉄道事業の経営に必要な営業費などの費用を合計し，それに適正な利潤を加えたもの」（＝総括原価）に見合うように決められている。これを総括原価方式という。

　総括原価は，【総括原価＝営業費等＋事業報酬】という式で算定される。

　総括原価方式では鉄道会社に一定の利益が保障されており，支出（＝総括原価）と収入がバランスされるように運賃が決定される。計算期間は３年間の平均（複数平年度化）となっており，大規模・長期間にわたる鉄道工事も円滑に進められるようになっている。

　事業報酬＝配当金等（利潤）＋支払利息

(参考2) 運賃制度

(図表1) 総括原価

| 支　出 | ⇔ | 収　入 |

総括原価:
- 事業報酬
  - 配当金等＝利潤
  - 支払利息
- 営業費等
  - 人件費・経費（ヤードスティック方式で算出される適正コスト）
  - 諸税・減価償却費等

収入:
- 改定上限運賃による増収額
- 現行運賃での収入額
- 料金収入
- 運輸雑収

(出所) 西日本旅客鉄道ファクトシートより明治安田アセットマネジメント作成

総括原価方式のメリットとして,
① 料金を決定する際の根拠が明確である。
② 事業者・消費者双方が過大な損失・負担を強いられることがない。
③ 長期的な設備投資へのインセンティブが図られる。
などが挙げられるが,
　一方,問題点として
① 価格に費用増加分を転嫁できるため,企業側が積極的に費用削減をしようという意欲がわきにくい。
② 非効率な部分まで運賃に転嫁されてしまう。
という点が挙げられる。

(3) ヤードスティック方式

この総括原価法の問題点を解消するために導入されているのが「ヤードスティック方式」である。総括原価方式の問題点を解消するため,ＪＲ,大手民

鉄など，同じグループに属する事業者同士で経営効率化を競わせるヤードスティック方式が導入されている。

ヤードスティック方式では，グループごとに人件費や経費といった費用の「基準コスト」を算出している。ある鉄道事業者の効率が悪く，その会社の「実績コスト」が基準コストを上回った場合（基準コスト＜実績コスト），低い基準コストの方が「適正コスト」（運賃改定時の総括原価として認めるコスト）とされている。総括原価の部分が，実績コストよりも低い基準コストの額になるため，運賃の値上げ可能分が小さくなる。

(4) 実際に運賃改定をするまでの流れ

前述したとおり，上限運賃の設定・変更には国土交通大臣の認可が必要である。鉄道事業者の認可申請後は，国土交通省での審査（当該運賃が総括原価を超えないかどうか），運輸審議会への諮問・答申を経て認可，という流れになる。

（図表２） 運賃改定手続きの流れ

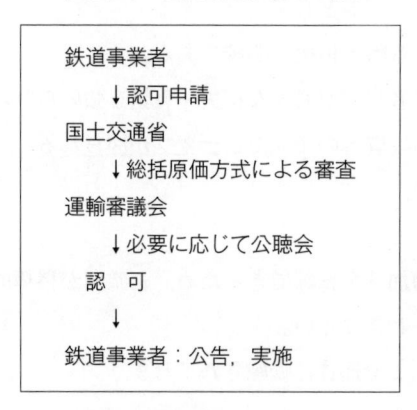

```
鉄道事業者
    ↓認可申請
国土交通省
    ↓総括原価方式による審査
運輸審議会
    ↓必要に応じて公聴会
認　可
    ↓
鉄道事業者：公告，実施
```

（出所）　消費者庁ＨＰ等より明治安田アセットマネジメント作成

過去，大手民鉄では路線の複々線化など大型設備投資による資本費の増加や物価上昇を背景に運賃改定を行ってきた。

一般的に，運賃値上げが認められるケースとして，

① 将来的に沿線人口の減少が続き路線の赤字が解消されない場合。
② 利便性向上，混雑率緩和のための複々線化工事など利用者数は変わらないのにコストだけ増える場合。

が挙げられる。

しかし，運賃値上げをした場合のマイナス面にも注意が必要である。
① 値上げした場合，競合他社との競争力低下から利用者の他社へのシフト（減少）が起きる。
② 地域のインフラを担う会社が値上げすることへのマイナスイメージ・批判が起きる。

などが考えられる。

鉄道会社も人口減少を要因として運賃値上げをする前に，できる限りの自助努力を行い，運賃値上げは最終手段としたいと考えられる。

（参考３） 大手民鉄の経営戦略と組織

１ 経営戦略論概説

経営戦略の概念についてのこれまでの研究は，ポジショニング・アプローチ，ゲーム・アプローチ，資源アプローチ，学習アプローチの大きく４つに分類される。管理会計との関係ではポジショニング・アプローチが優位にあり，具体的な管理会計手法は「競合分析」である。そこでは，まず，競争ポジションを評価し，競争相手の行動を分析することで競争に打ち勝つための対応策が明らかにされる。また，原価の低減により競争ポジションを強化することが必要であると例示されている。「知的資本」を重視する資源アプローチや「組織学習」などが強調される学習アプローチなどは管理会計の具体的な手法レベルの検討には至っていない（新江孝・伊藤克容，2004年）。経営戦略は1960年代以降にアルフレッド・チャンドラーやアンゾフ，ロバート・アンソニーなどによって定義され，わが国の経営戦略論に大きな影響を与えてきた。これらによると，戦略的意思決定とは企業の目標やゴールを設定し，その目標を達成するた

めに資源を配分または再配分することである。また，ミンツバーグは経営戦略を企業戦略，事業戦略，機能戦略の3段階に分けている。企業戦略とは企業全体に関わる中長期的な政策または方針であり，事業戦略とは企業内の各事業について，市場と製品の範囲を決定するとともに事業毎のミッションを明確にし，それらを達成するための方針を立案することであるとされている（田中隆雄，2002年）。具体的には，企業戦略は全社ポートフォリオ分析，競争ポジショニング評価，価値連鎖分析などがテーマとなり，事業戦略ではＳＷＯＴ分析，市場分析，事業レベルの産業分析などがテーマとなる。ＳＷＯＴ分析とは外部環境の機会や脅威を考慮し，その上で組織の強みと弱みを評価することである。

以下では，1980年代以降大きな影響力を持っているマイケル・ポーターの「競争優位の戦略」について概観し，続いて「事業システムの差別化」と「情報的経営資源」について論述する。

・競争優位の戦略

1980年代にはいるとマイケル・ポーターの競争優位の戦略が提唱され現在にいたるまで大きな影響力をもっている。ポーターによれば企業経営者は外部からの資金調達により事業を展開するが，投資家に対しては調達した資金を管理するとともに資金を有効的に活用して価値を創出する責任がある。企業経営者は，そうした目的を達成するために経営戦略を策定し，それに基づいて事業活動を行っている。したがって，価値を創出するための事業活動は，その企業がどのような経営戦略を選択するかに依存しており，経営戦略は次の2つの構成要素によって決まるとされている（M. E. ポーター，1995年）。

(1) 企業が事業活動を行う1つ以上の産業の選択（産業選択）
(2) 選択された1つ以上の産業において他の企業と競争する方法（競争戦略）
　① 産業選択のための産業の収益性の分析であるが，競争の程度に影響を与える次の5つの要因で決まるとされている。(i)既存企業間の競争，(ii)新規参入の脅威，(iii)代替商品の脅威，(iv)買い手の交渉力，(v)売り手の交渉力である。これらの(i)〜(v)の要因に影響を受けた競争の状況に基づいて産業の

(参考３) 大手民鉄の経営戦略と組織

収益性を分析し，経営戦略の構成要素としての産業の選択をすることが重要であり，選択された産業において，以下の他の企業と競争する方法，競争戦略を策定する必要がある。
② 企業の収益性は，産業構造だけではなく業界内で自社を位置づける上でどのような競争戦略を選択するかによっても影響される。競争戦略には，基本的には次の３つがある。(i)コスト・リーダーシップ，(ii)差別化，(iii)集中化である。

上記のとおり，経営戦略の策定には，まず，①競争状況を５つの要因から把握して，それに基づく産業の収益性の分析を通じて産業を選択し，②選択した産業について競争戦略を３つの基本要素を考慮に入れて策定することが必要であるとされている。

競争優位の戦略　（まとめ）

経営戦略は次の２つの構成要素によって決まる。

(a) 企業が事業活動を行う１つ以上の産業の選択（産業選択）

　　次の５つの要因から把握。

　(i) 既存企業間の競争

　(ii) 新規参入の脅威

　(iii) 代替商品の脅威

　(iv) 買い手の交渉力

　(v) 売り手の交渉力

(b) 選択された１つ以上の産業において他の企業と競争する方法

　　（競争戦略）

　　次の３つの基本要素を考慮に入れて策定。

　(i) コスト・リーダーシップ

　(ii) 差　別　化

　(iii) 集　中　化

第Ⅱ部　大手民鉄の管理会計システム

・事業システムの差別化

　ところで，競争戦略のうち差別化戦略について，商品・サービス自体の差別化から商品・サービスを顧客に引き渡すまでの「事業システム」の差別化に焦点が移ってきていることに留意する必要がある。競争の激化，顧客ニーズの多様化など激しさを増す環境変化の中で，商品・サービスの一層の差別化をすすめるためには，商品・サービスを創出する事業システムにまで遡って考え，競合他社と差別化する必要があるとの認識による。そうした事業システムの差別化についての評価基準として，次の5つが重要であるとされている（加護野忠男，1999年）。

　(i)　有効性の基準
　(ii)　効率性の基準
　(iii)　競争相手にとっての「真似の難しさ」
　(iv)　持続可能性
　(v)　事業システムとしての「発展性」

　(i)有効性の基準は，顧客にとっての価値，すなわち，顧客価値に事業システムがどの程度効果を発揮し，競合他社との差別化に貢献しているかの基準で，事業コンセプトが重要な役割を果たす。(ii)効率性の基準は，顧客に対して同じ価値を安価に提供して差別化をすすめる可能性は，事業システムの効率性に依存している。(iii)競争相手にとっての「真似の難しさ」は，競合他社の参入障壁となり，差別化をすすめることができる。(iv)持続可能性は，事業システムが有効性や効率性を維持，向上させて差別化をすすめていける条件を満たしているかどうかの基準である。あるいは，環境の変化に対応していけるだけの適応力をもっているかどうかである。(v)事業システムとしての「発展性」は，差別化をすすめている事業システム自体に発展可能性があるのかどうか，また，事業システムを運営していく過程で蓄積したノウハウが別の事業システムの構築のために使え，一層の差別化をすすめることが可能かどうかの基準である。

　商品・サービスの差別化にとどまらず，上記の5つの評価基準に照らして事業システムを検証し，一層の差別化をすすめるために事業システム自体を改革

(参考3) 大手民鉄の経営戦略と組織

していくことは，激しさを増す経営環境の変化の中で重要であると考えられる。また，そうした事業システムを構築するにあたり，共通の論理として次の3点が重要であると考えられている（加護野忠男，1999年）。

(i) スピードの経済
(ii) 組み合わせの経済
(iii) 集中特化と外部化

(i)スピードの経済は仕事のスピードや商品の回転スピード，サービスのスピードを速めることで効率性や有効性を高め，事業システムを差別化する。(ii)組み合わせの経済は，いくつかの事業を組み合わせることにより，単一の事業では実現できないような効率性や有効性を相乗効果により実現する。(iii)集中特化と外部化は，自社の業務の範囲を定めて集中し，それ以外の業務を外部に委託することにより効率性や有効性を高め，事業システムの差別化をすすめる。

これまでの差別化戦略は，商品・サービスの差別化戦略にとどまっていたが，事業システムの5つの評価基準とそれらを充足するための3つの論理を考慮して新しい事業システムを構築し，事業システム自体の差別化をすすめることは，経営戦略論の枠組みを広げるとともに経営戦略と事業システム改革の融合をもたらしていると考えられる。

事業システムの差別化（まとめ）

事業システムの以下の5つの評価基準とそれらを充足するための3つの論理を考慮して新しい事業システムを構築し，事業システム自体の差別化をすすめることは重要である。

事業システムの差別化についての5つの評価基準
(i) 有効性の基準
(ii) 効率性の基準
(iii) 競争相手にとっての「真似の難しさ」
(iv) 持続可能性
(v) 事業システムとしての「発展性」

新しい事業システムを構築するための3つの共通の論理
- (i) スピードの経済
- (ii) 組み合わせの経済
- (iii) 集中特化と外部化

・情報的経営資源

　経営戦略の策定には，産業選択と競争戦略の策定が必要であることはすでに述べてきたところであるが，さらに，経営資源に関する視点も重要である。すなわち，事業活動に必要な資源や能力をどのような形態で所有するか，それらをどのように蓄積していくか，といった課題である。経営資源の中で「見えざる資産」が注目されており，顧客の信用とか，ブランドの知名度，技術力，生産のノウハウ，組織風土，従業員のモラルの高さなどが「見えざる資産」で，情報的経営資源として固定性が高い。また，「見えざる資産」は，金を出しても買えず，作るのに時間がかかることから，競争相手との差別化の源泉になりやすい。さらに，事業活動の結果として生み出されてくる数少ない経営資源の1つとされている（伊丹敬之，1984年）。

　こうした経営資源の所有と蓄積は，競争戦略の策定と事業活動に有効的に作用することは言うまでもないことであり，経営戦略の策定に際しても取り込んで考えていく必要がある。

【参考文献】
新江　孝・伊藤克容（2004）「経営戦略と管理会計の関係性に関する考察」
　　　　　　『原価計算研究』Vol.28　No.2　日本原価計算研究学会
田中隆雄（2002）『管理会計の知見（第2版）』森山書店
Michael E. Porter（1980）『COMPETITIVE STRATEGY』
　　　　　　The Free Press A Division of Macmillan Publishing Co.,Inc
　　　　　　（土岐他　訳（1995）『(新訂) 競争の戦略』ダイヤモンド社）．
加護野忠男（1999）『〈競争優位〉のシステム』PHP研究所
伊丹敬之（1984）『新経営戦略の論理』日本経済新聞社
沼上　幹（2009）『経営戦略の思考法』日本経済新聞出版社

2　大手民鉄の経営戦略と組織

以下では，先行研究を踏まえて大手民鉄の経営戦略と組織について述べたい。文中，意見にわたる部分は筆者個人のものであることを予めお断りしておく。

①　これまでの全社戦略と組織構造　－多角化戦略とシナジー効果－

大手民鉄はほぼ同様のビジネスシステムを有しているが，鉄道，バス事業を事業の柱としつつ，ターミナルをはじめ沿線地域での不動産賃貸事業やショッピングセンターなどの流通事業，沿線開発と旅客誘致を目的とした住宅開発事業などの展開による多角化を行い，同時にシナジー効果を高めてきた。また，経営組織としては，権限委譲の程度などの実態面は別としても営業本部制（事業本部制）を導入することで多角化を進めるとともに，新規事業へ進出や合理化などを目的とした関係会社の展開とともにグループ企業価値を高めてきた。

これまではＪＲなどとの一部競合路線を除いて，基本的には既存企業間での競争は少なく，また，規制業種であるため運賃については認可制ということもあり価格面での競争も少なかった。こうした状況の中で，未利用資源の有効利用による多角化が大きかったのではないかと考えられる。たとえば，ターミナル駅周辺の鉄道施設を活用した流通事業や不動産賃貸事業の展開などである。また，営業面において流通事業や不動産事業は鉄道事業との間で相互依存関係にあるし，沿線域での住宅開発事業についても沿線開発による旅客誘致などを通じてシナジー効果を高めてきたと考えられる。

鉄道事業は大量輸送手段であり，安全性，定時性などで自動車などに対して競争優位性があった。バス事業にしても，現在のように道路網が整備され，自動車やバイクが一般家庭に普及して競争優位性を失うまでは，最寄り駅や郊外の商業施設への有力なアクセス手段であり地域社会の発展と鉄道事業の業績向上に貢献した。また，戦後の都市部への人口流入に対しては，住宅開発による宅地の供給がその受け皿としての役割を果たし，流通事業やレジャー事業についても，生活基盤としての役割を担った。ターミナルをはじめ沿線地域での不

動産賃貸事業や流通事業については，経営資源としての鉄道資産，すなわち，鉄道事業用土地，建物，構築物などの経営資源の有効活用により事業展開をしているが，沿線外，事業エリア外での事業展開と比較してコスト面でも効果がある。

② 経営環境の変化と全社戦略と組織構造の見直し
⒜ 多角化戦略の再構築

大手民鉄のこれまでの事業展開については上記のとおりであるが，近年の少子高齢化による生産人口の減少やモータリゼーション，景気の長期低迷等により鉄道旅客輸送人員は長期的には減少傾向にあり，旅客誘致を目的とした流通事業，不動産賃貸事業などの付帯事業についても他の事業者との間で企業間競争が激化する状況となっている。

こうした状況に鑑み，コア事業と事業エリアの特定によるいわゆる「選択と集中」をグループ戦略として具体的には合理化を中心とした経営政策が実施されてきたが，それぞれの事業における事業戦略も重要である。すなわち，鉄道事業については，一部競合路線やモータリゼーションに対して競争優位を維持するために，連続立体高架化事業の推進による輸送力の増強や駅施設の改良などによりサービスの向上を図る目的で新規投資を継続的に行う必要があるが，一方でデフレ経済の下では運賃改定が容易ではない状況にあるので，安全性の維持を前提にコスト削減に努める必要がある。人件費，動力費，減価償却費など鉄道事業のコストの大部分は固定費であるので，要員数と賃金水準の見直しや駅業務などの外注化によりコスト削減を進めていくとともに厳格なコスト管理システムの導入が必要である。また，これまで多角化戦略によって幅広く事業展開をしてきた付帯事業については，事業内容に見合った労働条件の導入などを目的とした営業本部制（事業部制）の徹底か思い切った分社化が必要である。関係会社については，グループ経営戦略に基づき，各社の格付けにより経営資源を投入する会社や自主自立経営を目指す会社，整理，売却及び再編等を実施する会社などに分類し，個別に対策を実施していく必要があるが，事業の

集約によって安定性と成長性を確保する戦略も重要である。

(b) 情報的経営資源の有効活用

　先に述べた合理化をテコとした多角化戦略の再構築にとどまらず，これまで培われた組織の強み，経営資源の有効活用により事業を発展させていくことも経営課題である。

　大手民鉄は広大な土地資産をはじめ線路設備，電車線などの電路設備，停車場設備などの鉄道事業固定資産を有し，また，鉄道事業の発展過程においてターミナルビルをはじめ沿線地域に流通やレジャーに関する資産を有するに至っている。しかし，財務諸表を通じて，あるいは，実際に目で見ることによって認識できる資産に加えて，先に述べた直接的に認識できない「見えざる資産」の活用も今後の鉄道事業の発展にとって重要である。そうした大手民鉄の情報的経営資源としての「見えざる資産」は，世界でも稀な定時性を確保する運行管理システムを導入し長期にわたり維持していること。それはモータリゼーションの進展に対して一定の競争優位性をもっていると考えられる。道路網の整備によって自動車も定時性を確保されつつあるが依然として鉄道が優位であろう。また，沿線での長時間かけて蓄積された信用あるいはブランドイメージなどである。さらに，鉄道は地球環境に対する負荷の低い大量輸送手段としても今後見直しがなされると考えられる。

　経営環境の変化の中でこれまで蓄積されてきた物理的なもの，無形なものなどの様々な形態の経営資源を見直すとともに有効に活用する必要が生じてきている。見直しに際しては外部環境要因を詳しく分析するとともに，経営資源のどの部分を向上させるか，どの部分を戦略的資産に位置づけるかが重要である。今後の課題としては，鉄道の運行管理システムであれば，他の事業分野への適用可能性を検討すること，会社の信用力，ブランドイメージであれば，それを如何に伸ばし新規事業の展開に結びつけていくかが課題である。また，環境問題への対応としてモータリゼーションに対する鉄道事業の優位性をどのように戦略に織り込むかなどである。こうした経営資源を戦略的資産として有効に活用していくことが，経営環境の変化の中で重要課題である。

第Ⅱ部　大手民鉄の管理会計システム

【参考文献】
日本民営鉄道協会　大手民鉄データブック2011「大手民鉄の素顔」
ハンドブック南海2011年版
南海電気鉄道株式会社『有価証券報告書（2012年3月期）』

第Ⅲ部
ゼネコンの管理会計システム

　ゼネコン（総合建設業）を取り巻く経営環境は，建設投資の減少に伴う受注競争の激化や建設資材価格の高止まり，労務単価の上昇など深刻な状況にある。こうした厳しい経営環境の中で今後も存続，発展していくためには，ゼネコンにおいても管理会計システムや経営管理手法の充実が求められている。とりわけ，これから述べる次の2点は健全なゼネコン経営の両輪であると考えている。すなわち，1つは経営計画・予算や工事原価管理などに関する管理会計システムの充実であり，2つ目は施主に対する与信管理と債権保全策である。また，これらに加えて，事業規模の拡大による所要利益の維持・拡大を目的とした業界再編の検討も必要な時期を迎えている。

　第Ⅲ部では，まず，第6章でゼネコンを取り巻く経営環境や事業構造などについて述べた後，第7章で管理会計システムの充実について，また，第8章では施主に対する与信管理と債権保全策について，民営鉄道系のゼネコンである南海辰村建設株式会社（以下，当社）の取り組み事例を参照しながら述べていきたい。いずれも健全なゼネコン経営にとって必要不可欠であると考えている。なお，文中，意見にわたる部分は筆者の個人的見解であることを予めお断りしておく。

第Ⅱ部

第6章
ゼネコンの概要と特徴

　第6章では，まず，建設投資の動向などゼネコンを取り巻く経営環境や事業構造について述べた後で，経営環境の変化に伴い重視されている受注時粗利益について説明する。また，続いて大手ゼネコン5社の業績推移に触れた後，当社の事業概要と経営成績について述べる。当社の事業概要と経営成績では，筆者自身の担当業務や厳しい経営環境の中で取り組んできた課題などゼネコンの実務について述べたい。

第Ⅲ部　ゼネコンの管理会計システム

1　経営環境

　ゼネコンを取り巻く経営環境は厳しさを増している。国土交通省の「平成24年度建設投資見通し」によると，政府投資と民間住宅投資，民間非住宅投資（非住宅建築及び土木）を合わせたわが国の建設投資総額は，ピークであった平成4年度の84兆円から平成24年度には45.3兆円に20年間で46.1％減少する見通しである。バブル崩壊以降，数次の経済政策により政府投資は増加したが，平成13年以降は年間30兆円を下回り減少傾向にある。民間住宅投資と民間非住宅投資を合わせた民間投資についても減少傾向が続いている。なお，民間非住宅投資とは，商業施設，工場，倉庫，病院などをいう（国土交通省2012）（図表6－1）。

　一方，同じく国土交通省によると，建設業許可業者数は減少傾向にあるものの，18年前の平成5年度末の54.3万業者に対して平成23年度末の業者数は48.3万業者への減少に留まり，建設投資が大きく減少する中で受注競争が激化して

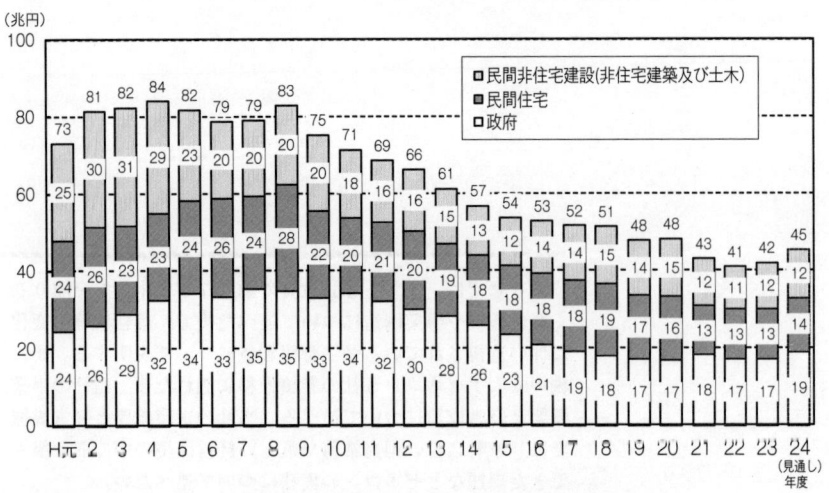

（図表6－1）　建設投資額（名目値）の推移

（出所）　国土交通省　総合政策局（2012.6）『平成24年度建設投資見通し』

第6章　ゼネコンの概要と特徴

(図表6-2)　建設業許可業者数・新規及び廃業等業者数の推移

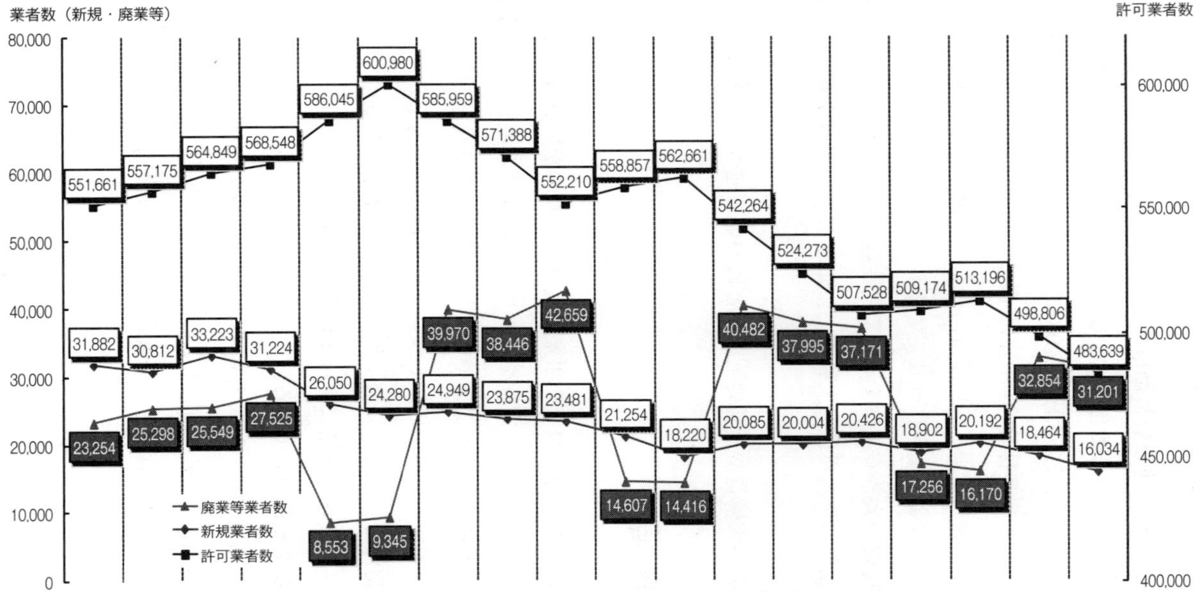

	6年度	7年度	8年度	9年度	10年度	11年度	12年度	13年度	14年度	15年度	16年度	17年度	18年度	19年度	20年度	21年度	22年度	23年度
許可業者数	551,661	557,175	564,849	568,548	586,045	600,980	585,959	571,388	552,210	558,857	562,661	542,264	524,273	507,528	509,174	513,196	498,806	483,639
新規業者数	31,882	30,812	33,223	31,224	26,050	24,280	24,949	23,875	23,481	21,254	18,220	20,085	20,004	20,426	18,902	20,192	18,464	16,034
廃業等業者数	23,254	25,298	25,549	27,525	8,553	9,345	39,970	38,446	42,659	14,607	14,416	40,482	37,995	37,171	17,256	16,170	32,854	31,201
年度間増減	8,628	5,514	7,674	3,699	17,497	14,935	-15,021	-14,571	-19,178	6,647	3,804	-20,397	-17,991	-16,745	1,646	4,022	-14,390	-15,167

※　許可業者数については各年度末（3月末時点）の数、新規業者数、廃業等業者数については各年度の数を表す。

(出所)　国土交通省　土地・建設産業局 (2012.5) 「建設業許可業者数調査の結果について（概要）―建設業許可業者の現況（平成24年3月末現在）―」

いることがわかる（国土交通省2012）（図表6－2）。

また，（一財）経済調査会の建設資材価格指数（鋼材，仮設材，生コンなど25品目の建築資材と24品目の土木資材を指数化）によると，平成17年度を100とした場合，平成24年3月現在では東京107.7，大阪100.0であり，受注競争の激化に伴い安値受注が際限なく続く中で事業採算性の圧迫要因になっている（（一財）経済調査会2012）。それに加えて労務単価についても，厳しい労働条件を原因とした転職や廃業に伴う人手不足により上昇に転じている。

このように，建設投資が大きく減少する中で受注競争が激化していることや建設資材価格の高止まり，労務単価の上昇などによりゼネコンの採算性は悪化してきている。

以下ではゼネコンの事業構造や経営の実態などについて述べていきたい。

2　事業構造

施主や協力会社との関連でゼネコンの事業構造を表したのが図表6－3である。ゼネコンは受注産業であって，官庁やデベロッパーなどの施主から同業他社との価格競争により受注した土木工事やマンション，商業施設などの建築物件について，要求されている品質を確保しつつ工期を厳守して施工を行っている。ゼネコンは施工物件と引き替えに施主から工事代金を受け取るので，受注時には施主に対する与信管理を厳格に行っているが，施主もゼネコンの施工能力や財務上のリスクなどを注視している。

ゼネコンは受注した各物件について目標予算（受注工事高－目標工事原価＝目標利益）の策定を経て躯体や設備，内装などの各工事を各協力会社に競争入札により発注し，作業所での施工管理と原価管理，安全管理を通じて目標利益を確保していくことになる。

第6章　ゼネコンの概要と特徴

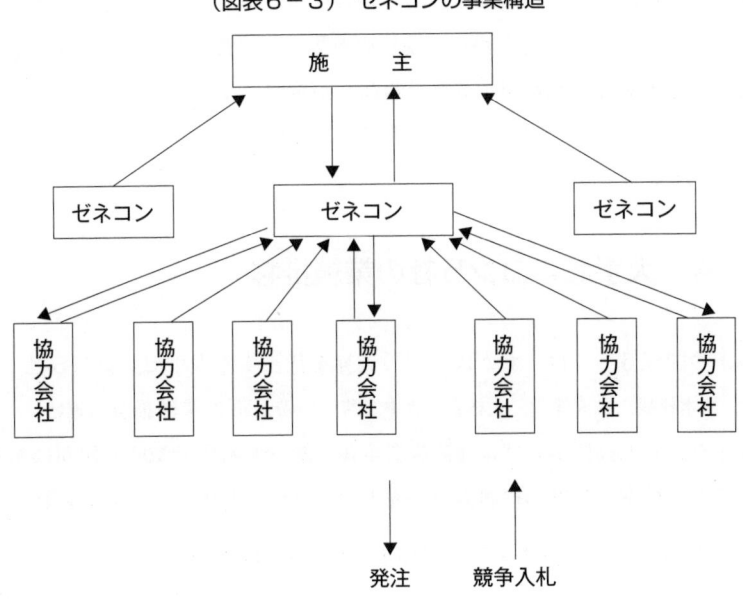

（図表6-3）　ゼネコンの事業構造

3　受注時粗利益

　ところで，ゼネコンが受注の意思決定をする際に重視しているのが請負（受注）工事高から見積段階の直接工事原価（材料費，労務費，外注費，経費）を控除した粗利益額と粗利益率（粗利益額／請負工事高×100）である。その理由は，近年の受注競争の激化に伴い見積原価の圧縮が進んだことと見積原価の精度が向上したことにより，各物件の粗利益額（率）の大部分が受注段階で決まり，施工段階での多額の購買発注差益（回復利益）が見込めなくなったからである。

　すなわち，ある物件を受注するか否かの意思決定に際して，積算部門が算出した見積原価と施主の予算をすり合わせて採算性を判断するが，厳しい同業他社との価格競争の中で協力会社に対する現状の発注単価がたえず購買部門から積算部門にフィードバックされており，見積原価は限界のところまで圧縮されている。したがって，施工段階での多額の購買発注差益は望めなくなっており，

受注時と最終段階である竣工引き渡し時の粗利益が近似値であるケースが増えてきている。こうしたことから，受注の意思決定に際して請負（受注）工事高から見積原価を控除した粗利益額と粗利益が重要になっているのである。

以下では，こうした経営環境や事業構造の中でのゼネコンの経営の実態について述べていきたい。

4 大手ゼネコン5社の業績推移

以下の図表6-4は，わが国の建設業界を代表する大手ゼネコン5社（鹿島建設，清水建設，大成建設，大林組，竹中工務店）の最近の業績推移（連結ベース）を表した。売上高については建設投資全体が減少する中で減収の傾向にあるが，一方で，東日本大震災の復興需要が売上高のプラス要因として考えられる。利

（図表6-4） 大手ゼネコン5社の最近の業績推移（各社の決算短信より）

（単位：百万円）

		売 上 高	営業利益	経常利益	当期利益
鹿 島 建 設	10年3月期	1,637,362	-6,762	9,011	13,225
	11年3月期	1,325,679	17,272	17,502	25,844
	12年3月期	1,457,754	29,499	41,343	3,833
清 水 建 設	10年3月期	1,589,278	22,123	17,621	-6,850
	11年3月期	1,303,755	20,175	18,815	10,848
	12年3月期	1,336,194	17,566	16,159	1,430
大 成 建 設	10年3月期	1,441,975	35,627	27,739	21,222
	11年3月期	1,218,118	36,294	24,043	10,883
	12年3月期	1,323,503	36,485	30,242	1,181
大 林 組	10年3月期	1,341,456	-62,534	-59,608	-53,354
	11年3月期	1,131,864	23,174	22,207	15,423
	12年3月期	1,245,772	31,145	35,241	5,142
竹中工務店	09年12月期	1,175,915	14,792	18,408	11,845
	10年12月期	1,055,498	21,884	22,632	5,354
	11年12月期	976,612	11,106	10,962	2,273

益面については，建設資材価格の高止まりに加えて転職・廃業に伴う労務単価の高騰が工事原価を上昇させていることや，投資有価証券の評価損や固定資産の減損損失の計上，法人税率の変更による繰延税金資産の取崩しに伴い法人税等調整額が増加したことなどの理由により減益となっている。

また，ゼネコン100社の決算業績についてはインターネットで建設通信新聞の「建設人ハンドブック」を検索すると閲覧することができる。ゼネコン100社についても経営環境の変化の中で大手ゼネコンと同様の傾向が見受けられる。

5　当社の事業概要と経営成績

本節では，当社の事業内容と経営成績について具体的に述べたい。なお，数値や内容等についてはすでに公表されているものである（図表6-5）。

（図表6-5）　事業の内容（単体ベース）

（平成24年3月31日現在）

社　　　名	南海辰村建設株式会社
創　　　業	大正12年3月
設　　　立	昭和19年6月30日
資　本　金	20億円
発行済株式総数	2億8,835万7,304株
株　主　数	5,348名
従業員数	418名
本　　　社	大阪市浪速区難波中3-5-19
株式上場	大阪証券取引所市場第二部
事業内容	総合建設業（土木，建築，管，電気および電気通信工事，その他建設工事全般）ならびに設計業，不動産所有売買
営業登録	・建設業許可　　　　　　国土交通大臣許可（特-23）第71号 ・一級建築士事務所　　　大阪府知事登録（ト）第8507号 　　　　　　　　　　　　東京都知事登録　第11568号 ・宅地建物取引業　　　　国土交通大臣免許（12）第1290号 ・土壌汚染対策法に基づく指定調査機関　　　環2003-2-175

第Ⅲ部　ゼネコンの管理会計システム

　ゼネコンを取り巻く厳しい経営環境の中で，当社の売上高に占める事業別と発注者別，地域別の各構成割合は例年ほぼ同様である。平成20年度の実績では，事業別ではマンションなどの建築工事が約69％，土木工事が約22％，電気工事が約7％，付帯事業が約2％であり，発注者別では官庁が約7％，民間企業が約64％，親会社である南海電鉄関連が約29％である。地域別では1995年度（平成7年度）に関西を営業基盤とする南海建設と関東を営業基盤とする辰村組が合併したので大阪を中心に関西圏が約56％，首都圏が東京都や神奈川県を中心に約44％となっている。

(これまでの担当業務)

　筆者は2003年（平成15年）に経営再建を目的として親会社から当社に出向し，経営管理本部長として経営企画，経理，総務，人事，購買部門等を統括して現在にいたっている。親会社に在職中から当社の経営再建策の策定に関与したが，その概要や出向後の展開については以下のとおりである。

(経営改善策と管理会計システムの充実)

　当社は，1996年度（平成8年度）から長期に亘って最終損失を計上していたため，2003年度（平成15年度）を初年度する「再生3か年計画」が策定された。「再生3か年計画」の経営改善策においては，第三者割当増資と親会社からの経営支援金を原資として新会計制度に対応するとともに従業員数の削減などの合理化策の実施により事業規模を縮小して有利子負債を圧縮した。また，後で述べる管理会計システムの充実により粗利益率の向上に努めた。その結果，2004年度（平成16年度）以降の経営成績は安定的に推移している（図表6－6）。

　事業規模の縮小については，まず，適正とされる有利子負債残高が想定され，人員削減などの合理化を通じてそれに適応した事業規模まで縮小することとなった。すなわち，建設業の有利子負債は運転資金が大部分を占めており，事業規模に応じて有利子負債残高は増減する。当社の場合も有利子負債残高120億円～150億円が適正とされ，それに見合う売上高（＝事業規模）は380億円／

年～400億円／年となった（公表済み）。

なお，ゼネコンの場合，売上高に対する適正な従業員数は，1人当たり90百万円～100百万円とされており，売上高400億円／年の場合の適正な従業員数はおおむね400人である。また，施工部門の1人当たりの年間完成工事高は2億円とされており，年間完成工事高400億円／年の場合の適正な施工部門の従業員数はおおむね200名である。しかし，価格競争が激しくなる中でも粗利益を確保するために施工部門の従業員数は絞られており，受注高の変動に応じて派遣社員で調整されているのが現状である。

(図表6－6) 当社（単体ベース）の経営成績の推移
(各年度の有価証券報告書より算出)

	H12	H13	H14	H15	H16	H17
売上高（億円）	684	711	696	541	391	416
完成工事総利益率	5.2%	5.2%	4.9%	2.6%	6.4%	5.6%
売上総利益率	5.4%	5.3%	5.2%	1.7%	6.9%	5.8%
営業利益率	▲0.5%	0.5%	1.3%	▲2.5%	1.9%	1.6%
経常利益率	▲1.8%	▲0.5%	0.2%	▲3.7%	1.0%	1.0%

	H18	H19	H20	H21	H22	H23
売上高（億円）	465	359	378	361	393	368
完成工事総利益率	5.3%	5.3%	6.2%	8.8%	8.2%	6.8%
売上総利益率	5.8%	5.4%	6.0%	7.3%	8.1%	7.1%
営業利益率	1.7%	0.2%	1.1%	2.4%	3.6%	2.2%
経常利益率	1.3%	▲0.4%	0.6%	1.7%	3.2%	1.8%

(3か年経営計画（平成24～26年度）)

当社は，現在，平成24年度を初年度とする「3か年経営計画（平成24～26年度）」に取り組んでおり，その基本方針は，(1)目標受注工事高の確保と(2)各年度必達目標利益の達成，(3)復配の実現である。具体的指針として，①発注者別受注区分として，官庁工事と民間住宅工事の受注は従来どおりにすすめるとと

もに学校や倉庫，商業施設などの民間非住宅のウエイトを高めていくとしている。また，②新規市場への参入として，外断熱工法によるマンション建設や環境関連，医療福祉関連，ＰＦＩ事業などへの参入強化を上げている。次に，「損益計画」の具体的指針としては，①後述の工事原価管理体系の改革により目標利益額を確保し，②工事間接費や販売費・一般管理費については予算管理の中で圧縮に努めるとしている。

当社は，こうした基本方針と具体的指針に基づき全社と各部門に目標数値を設定して経営計画に取り組んでいる。

(同業他社との比較)

また，図表6－7では「社団法人日本建設業経営協会」がこれまで毎年実施

(図表6－7) 当社(単体ベース)と中堅ゼネコンの決算数値

(単位：百万円)

	平成20年度当社実績(公表数値)		平成20年度　中堅ゼネコン　平均			
			総　数34社平均		土木・建築11社平均	
完 成 工 事 高	36,709		34,102		43,891	
兼業事業売上高	1,096		965		623	
売 上 高 計	37,805	100%	35,068	100%	44,514	100%
完 成 工 事 原 価	34,444		31,543		40,424	
兼業事業売上原価	1,088		868		477	
売 上 原 価 計	35,533		32,412		40,901	
完 成 工 事 総 利 益	2,265	6.2%	2,559	7.5%	3,466	7.9%
兼業事業総利益	7	0.6%	97	10.0%	146	23.5%
売 上 総 利 益 計	2,272	6.0%	2,656	7.6%	3,613	8.1%
販 管 費 計	1,862	4.9%	2,067	5.9%	2,989	6.7%
営 業 利 益	410	1.1%	588	1.7%	623	1.4%
営 業 外 収 益	33		140		153	
営 業 外 費 用	214		177		240	
経 常 利 益	229	0.6%	551	1.6%	535	1.2%

していた「中堅建設業経営実態調査」に基づき、平成20年度の中堅ゼネコンの平均決算数値と当社の決算数値を比較した。この調査に回答した中堅ゼネコンは完成工事高が750億円未満で、ゼネコン従事職員数は800人未満の事業規模の会社であり、当社も会員企業である。

当社の決算数値と比較したのは、調査に回答した中堅ゼネコン「総数」34社平均の決算数値と、当社が属している完成工事高全体に占める割合が建築工事、土木工事のどちらも70％以上でない「土木建築」分類11社平均の決算数値である。図表6－7から当社は同業他社と比較して売上総利益率で劣っているが営業利益率ではほぼ同水準にあり、今後とも売上総利益率の向上の施策が必要であることがわかった。なお、最近「社団法人日本建設業経営協会」によるこの実態調査は実施されていない。

（マンションの直接工事原価の内容と構成）

ここで、利益率の向上について述べる前提として、直接工事原価の内容と構成について触れておきたい。図表6－8は当社の事業でウエイトの高いファミリータイプのマンション（RC造、地上5階建、97戸）の直接工事原価の内容と構成を表している。

1. 現場管理費は現場作業所に係る経費として人件費のほか、事務用品費、通信費、交通費などである。2. 仮設工事には足場費、機械器具費、電力・用水費などが含まれており、3. 基礎工事は杭地業工事と山留工事費である。4. 本体工事は土工事、コンクリート工事、型枠工事、鉄筋工事、石工事、タイル工事、木工事、左官工事、木製建具工事、金属建具工事、内装工事などであり、コンクリート工事と鉄筋工事だけで直接工事原価全体の約20％を、型枠工事は約10％を占めている。5. 付帯工事には外構工事が、6. 設備工事には電気、瓦斯、給排水衛生の各設備が含まれている。

(図表6-8) マンションの直接工事原価の構成

原 価 項 目	構成比%
1　現 場 管 理 費	5.1%
2　仮 設 工 事	5.5%
3　基 礎 工 事	4.8%
4　本 体 工 事	60.9%
5　付 帯 工 事	2.2%
6　設 備 工 事	19.3%
7　設 　 計 　 費	0.0%
8　その他・変更追加工事	1.2%
直接工事費合計	100.0%

　なお，筆者は過去に鉄道事業を営む親会社の経営企画部門において，経営計画の策定とフォローアップの業務を担当していたが，鉄道・バス事業の営業収益は，モータリゼーションや生産労働人口の減少により低落傾向にあるものの短期的な変動要因は少なく，また，営業費用についても人件費と減価償却費，動力費などの固定費が大部分を占めており，ゼネコンの損益構造と比較して隔たりが大きい。大手民鉄の事業概要と管理会計システムについては，第Ⅱ部と拙稿の「民営鉄道の管理会計システム」も参照されたい（拙稿, 2008）。

　これまでゼネコンの概要と特徴を説明してきた（図表6-9）。次章以降では，経営環境が変化する中でも存続，発展していくために実施されている管理会計システムの充実に向けた取り組みや債権保全策の課題などについて述べたい。

(図表6-9) ゼネコンの概要と特徴のまとめ

項　　目	内　　　容
経営環境	建設投資が大きく減少する中で受注競争が激化していることや建設資材価格の高止まり，労務単価の上昇などによりゼネコンの採算性は悪化してきている。
事業構造	ゼネコンは受注産業であって，施主から同業他社との価格競争により受注した建築物件について，要求されている品質を確保しつつ工期を厳守して施工を行っている。ゼネコンは施工物件と引き替えに施主から工事代金を受け取るので，受注時には施主に対する与信管理を厳格に行っているが，施主もゼネコンの施工能力や財務上のリスクなどを注視している。ゼネコンは受注した各物件について目標予算の策定を経て躯体や設備，内装などの各工事を各協力会社に競争入札により発注し，作業所での施工管理と原価管理，安全管理を通じて目標利益を確保していくことになる。
受注時粗利益	ゼネコンが受注の意思決定をする際に重視しているのが粗利益額と粗利益率である。受注競争の激化に伴い見積原価の圧縮が進んだことと見積原価の精度が向上したことにより，各物件の粗利益額（率）の大部分が受注段階で決まり，施工段階での多額の購買発注差益（回復利益）が見込めなくなったからである。
大手ゼネコンの業績推移	最近の売上高については建設投資全体が減少する中で減収の傾向にあるが，一方で，東日本大震災の復興需要が売上高のプラス要因として考えられる。利益面については，建設資材価格の高止まりに加えて転職・廃業に伴う労務単価の高騰が工事原価を上昇させている。
当社の概要と経営成績	「再生３か年計画」の経営改善策と管理会計システムの充実により2004年度（平成16年度）以降の経営成績は安定的に推移している。 　同業他社との比較では売上総利益率で劣っているが営業利益率ではほぼ同水準にあり，今後とも売上総利益率の向上の施策が必要である。

第Ⅲ部　ゼネコンの管理会計システム

【参考文献】
国土交通省　総合政策局　情報政策課　建設統計室（2012.6）『平成24年度建設投資見通し―東日本大震災からの復旧・復興と持続可能で活力ある国土・地域づくりに向けて―』
国土交通省　土地・建設産業局　建設業課（2012.5）『建設業許可業者数調査の結果について（概要）―建設業許可業者の現況（平成24年3月末現在）―』
（一財）経済調査会　経済調査研究所『建設資材価格指数―建築・土木総合指数「2012.03」』
大手ゼネコン5社（鹿島建設，清水建設，大成建設，大林組，竹中工務店）の決算短信（平成21～23年度）
（社）日本建設業経営協会（2009）『中堅建設業経営調書（第34回経営実態調査)』
片岡健治（2008）「民営鉄道の管理会計システム」『企業会計』Vol.60　No.11　中央経済社
南海辰村建設株式会社『有価証券報告書』（平成12年度～平成23年度の各期）
南海辰村建設株式会社（2003.2.24）『「再生3カ年計画」の策定について』
南海辰村建設株式会社（2006.4.5）『「新3カ年計画」（平成18～20年度）の策定について』
南海辰村建設株式会社（2009.3.27）『「3カ年経営計画」（平成21～23年度）の策定について』

第7章
ゼネコンの管理会計システム

本章では，当社において2003年度（平成15年度）から筆者自身が策定に関与して実施している管理会計システムの充実に向けた取り組みとして，1　経営計画・予算体系の充実，2　原価企画の援用の試みの二点について述べたい。これらは経営成績の安定に寄与していると考えている。

第Ⅲ部　ゼネコンの管理会計システム

1　経営計画・予算体系の充実

　当社の業務組織図は図表7－1のとおりである。営業本部制の下で管理部門としての経営管理本部をはじめとして建築本部，土木本部，東京支店に分かれている。建築本部，土木本部，東京支店の各本部・支店においては，それぞれ統括部と営業部門および工務・工事部門から成り立っている。また，2003年度（平成15年度）から筆者自身が策定に関与して実施している管理会計システムは以下のとおりであり，PDCAサイクルを一層重視している。

　経営計画（3か年）と単年度予算の策定方針はトップダウンで決定し，管理部門と各本部・支店との間で調整と査定のプロセスを経て策定しており，策定単位は全事業（全社）と部門単位（建築，土木の各本部と東京支店）及び工事物件別である。全事業では損益と資金および受注に関する経営計画（3か年）と予算を策定している。また，部門単位（建築，土木の各本部と東京支店）では，損益と受注に関する経営計画（3か年）と予算を策定している。工事物件別については，各部門・支店それぞれで策定しており物件別の工事原価の推移を月次で把握している。

　経営計画や予算における目標数値としては，すでに述べたように，一般的には利益と使用資産の関係をみる指標としてROA（総資本利益率）やROI（投下資本利益率），RI（残余利益），EVA（経済的付加価値．スターンスチュアート社の登録商標）などがあり，また，キャッシュフローに関する指標として，フリーキャッシュフローやCFROI（キャッシュフロー投資利益率），EBITDA（支払利息，税金，減価償却控除前利益），キャッシュベースの売上高営業利益率がある（田中隆雄，2002年．門田安弘他，2003年．櫻井通晴，2009年）。しかし，ゼネコンの目標数値としては年間受注工事高と粗利益額が重要である。

　ゼネコンは施主からの受注物件について協力会社に工事を発注することで資金を立て替え，竣工・引き渡し後に施主から資金を回収するので，年間受注工事高を決定することで事業規模とともに立て替えに必要な運転資金としての借

第7章　ゼネコンの管理会計システム

（図表7-1）　業務組織図

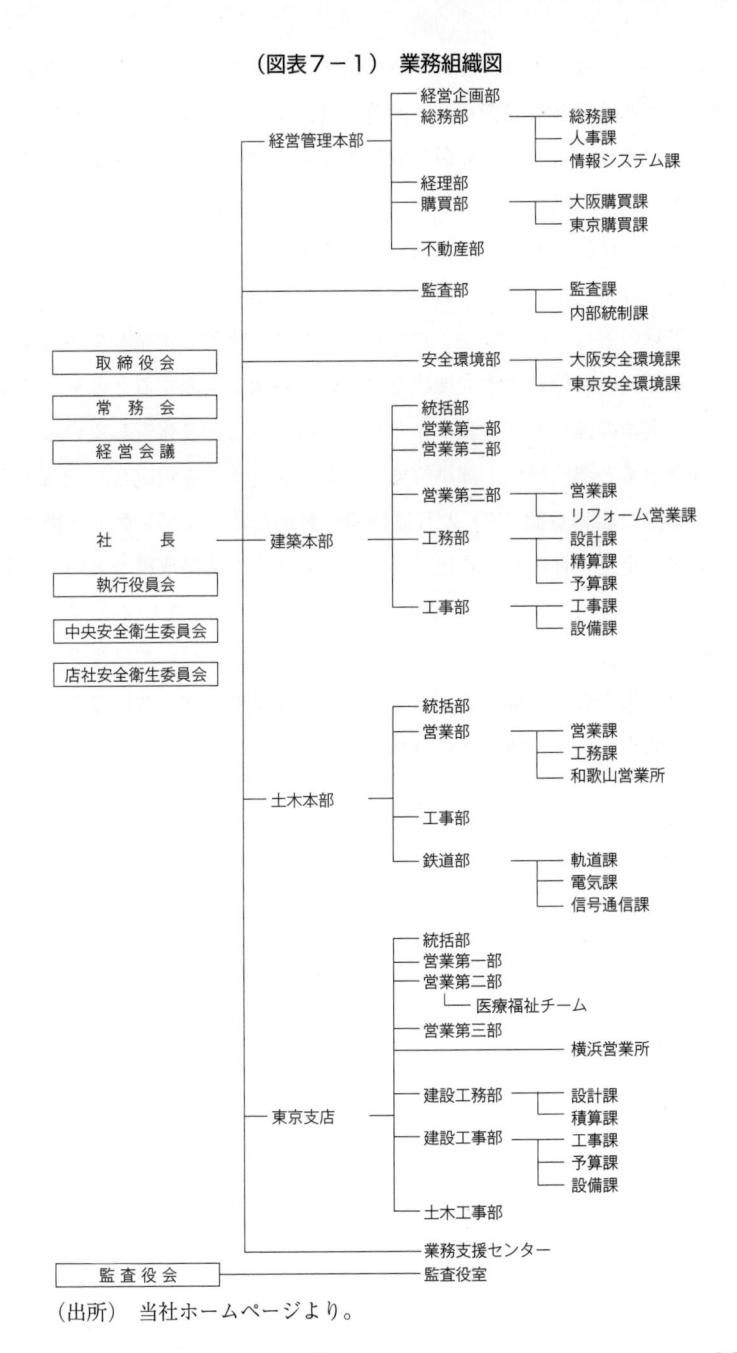

```
                                           ┌ 経営企画部
                                           ├ 総務部 ────┬ 総務課
                           ┌ 経営管理本部 ──┤             ├ 人事課
                           │               │             └ 情報システム課
                           │               ├ 経理部
                           │               ├ 購買部 ────┬ 大阪購買課
                           │               │             └ 東京購買課
                           │               └ 不動産部
                           │
                           ├ 監査部 ──────┬ 監査課
                           │               └ 内部統制課
   ┌ 取締役会 ─┐           │
   │           │           ├ 安全環境部 ──┬ 大阪安全環境課
   ├ 常務会   │           │               └ 東京安全環境課
   │           │           │
   ├ 経営会議 │           │               ┌ 統括部
   │           │           │               ├ 営業第一部
   │           │           │               ├ 営業第二部
   │           │           │               │
   ┤  社 長 ├──┤           │               ├ 営業第三部 ─┬ 営業課
   │           │           ├ 建築本部 ──┤               └ リフォーム営業課
   ├ 執行役員会 │           │               ├ 工務部 ────┬ 設計課
   │           │           │               │             ├ 積算課
   ├ 中央安全衛生委員会 │   │               │             └ 予算課
   │           │           │               └ 工事部 ────┬ 工事課
   ├ 店社安全衛生委員会 │   │                             └ 設備課
   │           │           │
   │           │           │               ┌ 統括部
   │           │           │               ├ 営業部 ────┬ 営業課
   │           │           │               │             ├ 工務課
   │           │           ├ 土木本部 ──┤               └ 和歌山営業所
   │           │           │               │
   │           │           │               ├ 工事部
   │           │           │               │
   │           │           │               └ 鉄道部 ────┬ 軌道課
   │           │           │                             ├ 電気課
   │           │           │                             └ 信号通信課
   │           │           │
   │           │           │               ┌ 統括部
   │           │           │               ├ 営業第一部
   │           │           │               ├ 営業第二部
   │           │           │               │    └ 医療福祉チーム
   │           │           │               ├ 営業第三部 ── 横浜営業所
   │           │           ├ 東京支店 ──┤
   │           │           │               ├ 建設工務部 ─┬ 設計課
   │           │           │               │             └ 積算課
   │           │           │               ├ 建設工事部 ─┬ 工事課
   │           │           │               │             ├ 予算課
   │           │           │               │             └ 設備課
   │           │           │               └ 土木工事部
   │           │           │
   │           │           ├ 業務支援センター
   │ 監査役会 │           │
   └───────────┘           └ 監査役室
```

（出所）　当社ホームページより。

入額，すなわち，有利子負債残高が概ね決まる。また，粗利益額から変動要因の少ない工事間接費と販売費及び一般管理費，支払利息等を控除することで最終利益が算出されるので，目標最終利益よりも目標粗利益額の決定を重視している。以上により，当社では経営計画や予算の目標数値として受注工事高と粗利益額（率）を最も重視し，その他に完成工事総利益（粗利益額－工事間接費）や営業利益，経常利益，有利子負債残高を目標数値としている。

また，予算の実行に伴ってフォローアップと是正措置を実施しているが，管理部門が各部門の目標数値の進捗状況について月次で実施するとともに，受注実績と工事実績の推移を一覧表にまとめて月次で常務会に報告している。また，期首には全事業と部門単位，部単位でアクションプランを策定し，受注工事高や完成工事高，粗利益額（率）の目標数値の設定とともにアンケート調査を利用した顧客満足度の目標や一級建築士をはじめとした資格取得などの教育訓練の目標，ＩＳＯ9001（品質）と14001（環境）を認証取得しているのでそれらの年度目標などを非財務指標として設定している。実績については半期毎にアクションプラン報告会を開催するとともに年度目標は個人ベースにまで落とし込み，部門と個人の業績評価に反映させている（図表7－2）。

第7章　ゼネコンの管理会計システム

(図表7－2)　経営計画と予算体系のまとめ

項　目	内　容
ＰＤＣＡサイクル	経営環境の変化に伴いＰＤＣＡサイクルを一層重視している。経営計画と単年度予算の策定方針はトップダウンで決定し，管理部門と各本部・支店との間で調整と査定のプロセスを経て策定している。期首には目標数値の設定とともに非財務指標を設定している。また，フォローアップと是正措置，業績評価については以下のとおりである。
策定単位	全事業（全社）と各部門を策定単位としている。全事業（全社）では損益と資金及び目標受注額の経営計画と単年度予算を策定している。部門単位では損益と目標受注額の経営計画と単年度予算を策定している。また，工事物件別に目標予算と実行予算を策定している。
目標数値	受注工事高と粗利益額（率）を最も重視し，その他に完成工事総利益（粗利益額－工事間接費）や営業利益，経常利益，有利子負債残高を目標数値としている。
非財務指標	全事業と部門単位，部単位でアクションプランを策定しており，目標数値の設定とともに顧客満足度の目標や教育訓練の目標，ＩＳＯ9001（品質）と14001（環境）を認証取得しているのでそれらの年度目標などを非財務指標として設定している。
フォローアップ	フォローアップはスタッフ部門が各部門の目標数値の進捗状況について月次で実施するとともに，受注実績と工事実績の推移を月次で常務会に報告している。また，半期毎に上記のアクションプラン報告会を開催している。
業績評価	年度目標は個人ベースにまで落とし込み，部門と個人の業績評価に一定の反映をさせている。

第Ⅲ部　ゼネコンの管理会計システム

2　原価企画の援用の試み —工事原価管理体系の改革—

　経営計画・予算体系の充実に加えて，以下のとおり経営環境の変化に伴い購買発注差益の捻出が難しくなったので，2003年度（平成15年度）から筆者自身が策定に関与して原価企画の考え方の援用による工事原価管理体系の改革を実施した。

（経営環境の変化）
　第Ⅰ部の管理会計概説でレビューしたように，経営環境の変化に伴い，標準原価計算と予算管理，直接原価計算などの伝統的な管理会計手法に加えて原価企画やＡＢＣ，価値連鎖分析，品質原価計算，ライフサイクルコスティング，バランスト・スコアカードなどが開発された。
　この中で原価企画は，「原価発生の源流に遡って，ＶＥなどの手法をとりまじえて，設計，開発さらには商品企画の段階で原価を作り込む活動」とされる。試作設計図が書かれると原価低減の幅が実質的に決まってしまうが，原価削減の対象を設計，開発，さらに商品企画へと上流にシフトさせることで削減効果が高まると考えられている（小林哲夫，1993年．加登豊・山本浩二，1996年．丸田起大，2005年．櫻井通晴，2009年）。
　また，ゼネコンについても，建設投資が大きく減少する中で受注競争が激化していることや建設資材価格の高止まり，労務単価の上昇などにより採算性が悪化してきていることについてはすでに述べたとおりであり，経営計画・予算体系の充実に加えて工事原価管理の改革が必要不可欠となった。

（購買発注差益）
　ゼネコンにおいては，マンションのように施主をはじめ立地，規模，仕様などが多様であるが，そうした中でも原価標準を市場価格に応じて定め，見積原価や目標予算に反映させてきた。その一方，購買部門では目標予算に基づいて

各協力会社に競争入札を実施することで発注価格の低減を図っている。また，協力会社に対する支払条件の変更や近隣の複数現場について同じ協力会社に発注する抱き合わせ発注，同じ協力会社に集中的に発注する集中購買などにより発注価格の低減に努力し，購買発注差益を捻出してきた。しかし，受注競争の激化に伴い見積原価の圧縮が進んだことと見積原価の精度が向上したことにより，これまでの低減努力では多額の購買発注差益の捻出が難しくなった。

（原価企画の援用の試み）

　このように施工段階での利益の捻出が難しくなったので，原価企画の援用により業務フローの川上である受注段階で利益を確保する方法を取り入れた。図表7－3は当社の工事原価管理体系を表しており，網掛けした「受注前審査会議」と「月次のフォローアップ」は新設した会議である。

　まず，「受注前審査会議」では，購買部が川上の見積原価作成段階から関与し，営業部，工務部（積算），工事部と組織横断的に見積工事原価を削減しつつ目標としている粗利益を確保できるか否かを検討し，その上で受注の可否を決定することとしている。受注すると決定した物件については，物件別に請負工事額と工事原価，粗利益額（率），ＶＥ・ＣＤの目標額などを記載した受注前審査会議資料を作成し，担当本部の営業部，工務部（積算），工事部の各部長と本部長，副本部長，さらに，購買部長とスタッフ部門長を経て社長まで回覧することとしている。受注時での時間的制約が課題であり，受注前審査会議に代えて各部門への資料の回覧のみになりがちであるが，スタッフ部門は絶えず会議を形骸化させないように促している。

　次に工事請負額の決定を受けて関係部門の間で工事申継会が開催され，目標予算案が作成される。マンションの場合，鉄筋とコンクリートなどの主要資材は施工計画の比較的初期の段階で発注され，施工計画会議を経て実施予算が策定される。この段階で鉄筋や型枠などに関する労務費や設備などの発注も終わっていることが多く，図表6－8で触れた直接工事原価の構成で見ると主要資材を含めて直接工事原価の40％～50％が発注済みとなっている。したがって，

第Ⅲ部　ゼネコンの管理会計システム

「受注前審査会議」が購買発注差益の捻出が難しくなる中でいかに重要であるかがわかる。

（フォローアップ）
　その後の各物件の工事原価の推移については，先述のとおり，スタッフ部門が各部門に対するヒアリングを通じて新設の「月次でのフォローアップ」を実施するとともに1か月毎に常務会に報告している。

　上記のとおり，経営環境の変化に伴い購買発注差益の捻出が困難となったため，原価企画の考え方の援用により受注前に粗利益が確保できるか否かを検討し，受注の可否を決定することは重要であるが，それにとどまらず見積原価の検討を通じて価格競争力の向上も期待できると考えられる（図表7－4）。

　こうした管理会計システムの充実に向けた取り組みにより，先に述べたように2004年度（平成16年度）以降は黒字基調で推移しており（図表6－6），一定の貢献をしていると考えている。

【参考文献】
　田中隆雄（2002）『管理会計の知見（第2版）』森山書店　pp.89－108　pp.305－317
　門田安弘編著（2003）『管理会計学テキスト（第3版）』税務経理協会　pp.131－146　pp.195－210
　櫻井通晴（2009）『管理会計　第四版』同文舘出版　pp.45－55　pp.130－137　pp.333－370　pp.409－438　pp.561－588
　小林哲夫（1993）『現代原価計算論』中央経済社　pp.4－19　pp.171－229
　加登　豊・山本浩二（1996）『原価計算の知識』日本経済新聞社　pp.159－175
　丸田起大（2005）『フィードフォワード・コントロールと管理会計』同文舘出版　pp.45－76
　加登　豊（1999）『管理会計入門』日本経済新聞社　pp.95－120
　谷　武幸（2011）『エッセンシャル管理会計　第2版』中央経済社　pp.228.－247

第7章　ゼネコンの管理会計システム

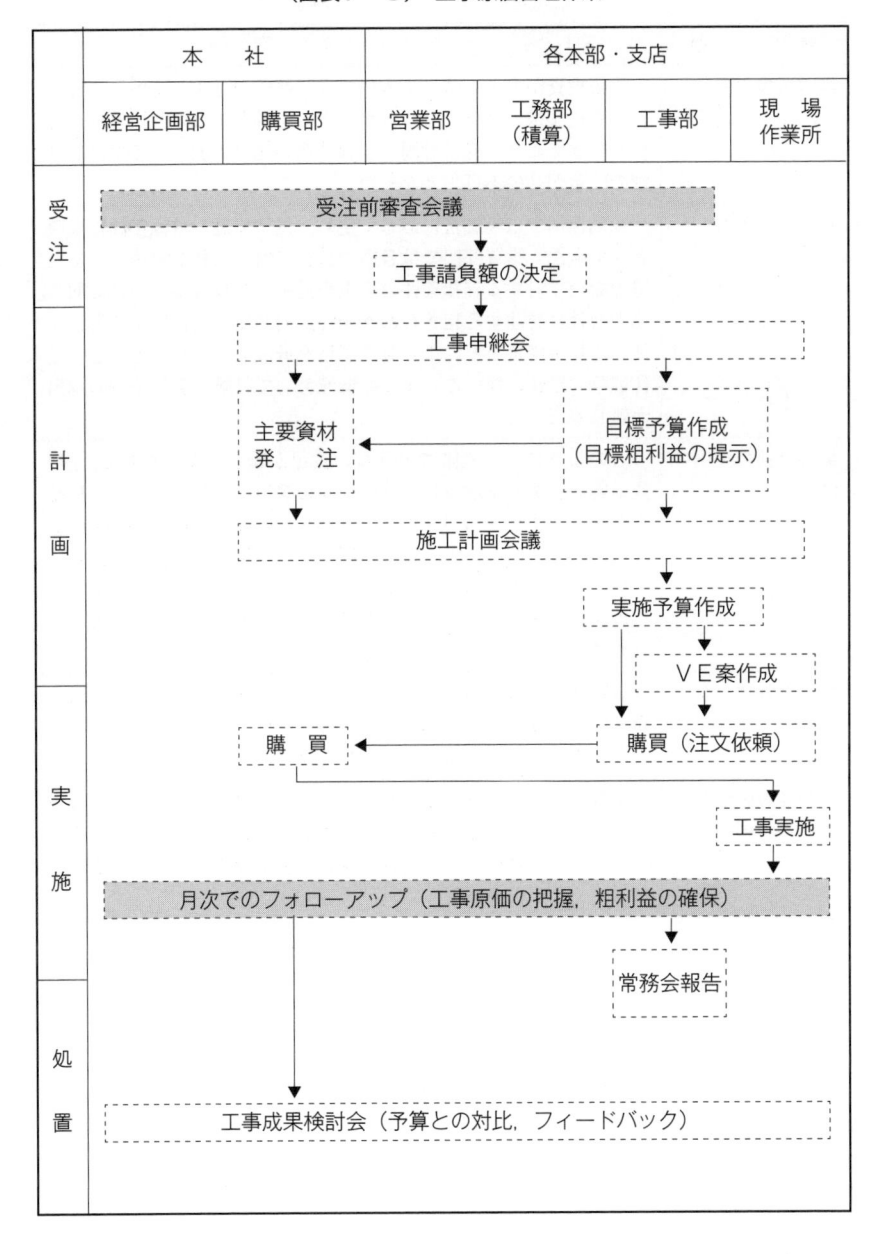

(図表7-3)　工事原価管理体系

	本　社		各本部・支店			
	経営企画部	購買部	営業部	工務部（積算）	工事部	現　場作業所
受注	受注前審査会議 →					
			工事請負額の決定			
計画			工事申継会			
		主要資材発　注 ←		目標予算作成（目標粗利益の提示）		
			施工計画会議			
				実施予算作成		
				VE案作成		
実施		購買 ←		購買（注文依頼）		
					工事実施	
	月次でのフォローアップ（工事原価の把握，粗利益の確保）					
				常務会報告		
処置	工事成果検討会（予算との対比，フィードバック）					

(図表7-4) 工事原価管理体系の改革のまとめ

項　　目	内　　容
経営環境の変化	建設投資が大きく減少する中で受注競争が激化していることや建設資材価格の高止まり，労務単価の上昇などにより採算性が悪化してきており，経営計画・予算体系の充実に加えて工事原価管理の改革が必要不可欠となった。
購買発注差益	原価標準を市場価格に応じて定め，見積原価や目標予算に反映させてきた。購買部門では各協力会社に競争入札を実施し，また，協力会社に対する支払条件の変更や近隣の複数現場について同じ協力会社に発注する抱き合わせ発注，同じ協力会社に集中的に発注する集中購買などにより発注価格を低減してきた。しかし，受注競争の激化に伴いこれまでの低減努力では購買発注差益の捻出が難しくなった。
原価企画の援用の試み	このように施工段階での利益の捻出が難しくなったので，「受注前審査会議」を新設し，原価企画の援用により受注段階で利益を確保する方法を取り入れた。「受注前審査会議」では，購買部が川上の見積原価作成段階から関与し，営業部，工務部（積算），工事部と組織横断的に見積工事原価を削減しつつ目標としている粗利益を確保できるか否かを検討し，受注の可否を決定することとしている。
フォローアップ	各物件の工事原価の推移については，スタッフ部門が各部門に対するヒアリングを通じて月次でのフォローアップを実施するとともに1か月毎に常務会に報告している。
粗利益の確保と価格競争力の向上	原価企画の考え方の援用により受注前に粗利益が確保できるか否かを検討し，受注の可否を決定することは重要であるが，それにとどまらず見積原価の検討を通じて価格競争力の向上も期待できる。

第8章

施主に対する与信管理と債権保全策の制度化について
－マンション建設を中心として－

　先述の管理会計システムの充実によって経営成績は安定しているがそれだけでは十分ではない。本章では，健全なゼネコン経営の2つ目の課題である施主に対する与信管理と債権保全策について述べたい。これらは，広義には管理会計システムに包摂されるものであるが，ゼネコン経営にとっては存続にも関わる重要性を有しているので独立した経営課題として考えたい。なお，本章では当社において受注工事高に占める比率の高いマンション建設を対象としているが，ゼネコンに共通した経営課題であると考えている。なお，文中，意見にわたる部分は筆者の個人的見解であることを予めお断りしておく。

1 施主に対する与信管理

ゼネコンは受注産業であるので，デベロッパーなどの施主から受注したマンションなどの建築物件について，求められている品質を確保しつつ工期を厳守して施工した後，竣工引渡と引き替えに施主から工事代金の大部分（80〜90％）を受け取っている。受け取る工事代金も竣工引渡後120日サイトの受取手形であることが通例であり，資金回収期間が長期化する傾向にある。長期化の理由としては，マンションの場合はエンドユーザーへの販売と入金が竣工引渡の時期よりも遅くなる傾向にあるとともに，施主の資金繰りの都合も関係していると考えられる。

一方，ゼネコンは受注物件について，各協力会社に工事を発注することで資金を立て替えて施工をしているので，施主からの資金回収を円滑に早期に行うことが重要であり，受注時には施主の与信管理を厳格に行うとともに施主に対して工事代金の早期回収（取り下げ条件の健全化）を要求している。具体的には施主からの入金は工事着工時，上棟時，竣工引渡後の3時点に大別されるが，できるだけ早い段階での入金を要求することになる。

施主の財務内容が良好でマンションの販売状況などの経営環境も安定している場合は特に問題は発生しないが，そうした条件が整うことは最近の経済状況においては珍しく，将来も展望した上で施主に対する与信管理を厳格に行うことがゼネコン経営にとって極めて重要である。中小デベロッパーではもちろんのことであるが，マンションの販売不振は施主の資金繰りに悪影響を与え，手形のジャンプを通じてゼネコンに連鎖的に悪影響を与える可能性がある。また，施主が法的措置の必要な経営危機に陥った場合，ゼネコンが請求している工事代金は分配割合の少ない破産更生政権として取り扱われ，商事留置権を主張することができるだけである。マンションの土地部分については，銀行が抵当権を設定した上で施主に融資しており，さらにその他の所有物件についても抵当権設定済みであることが多い。したがって，施主の経営危機の場合でも銀行の

債権は法律上保全されている。こうしたゼネコンと銀行の債権者としての地位は施工中であっても竣工引渡後であっても変わらず，施主の経営危機に伴い債権回収ができないゼネコンは，深刻な資金繰り難に陥る場合や最悪の場合は連鎖倒産を追い込まれる可能性がある。

　したがって，そうした事態を回避するために，ゼネコンにおいては担当部門と管理部門が共同で受注前に施主の与信に関する顧客調査を実施するのが一般的である。当社においても，民間の調査機関と契約して施主の会社概要や事業内容，複数年度の財務内容，調査機関が算定する施主の評価点などを取得して与信に関する健全性を判断している。また，担当の営業マンはできる範囲で施主の経営情報の収集に努めるとともに，守秘義務の関係で情報収集は難しいが金融機関をはじめとした施主の取引先への問い合わせを実施する場合もある。こうした調査を中心に与信管理を強化しているが，最近の急激な経営環境の変化の中では必要最低限の対策であっても十分なものとはいえない。

2　施主に対する債権保全策の制度化

　売上債権の回収については，どのような産業においても重要事項であることは言うまでもないが，先述のとおり，ゼネコンにとって施主の経営危機に伴い工事代金が未回収になる事態は，厳しい経営環境の中ではとりわけ深刻であり重要な経営課題である。

　そうした事態を回避するために，先に述べたように顧客調査を中心に与信管理を強化しているが，顧客調査は施主の過去の経営成績に基づいているため，急激な環境変化に伴う経営悪化には対応できず十分な対策とは言えない。また，マンション建設の場合は工期が1年以上の長期にわたる場合が多く，信用力の低い施主の経営状態を長期に見通すには限界があり，債権保全策を工事請負契約締結時に別途覚書等の中で締結したいところである。当社においては，デベロッパーとしての経営ノウハウを保有するものの，経営再建中の施主との間で信頼関係を構築し，以下の債権保全策に近い形のものを締結した事例がある。

第Ⅲ部　ゼネコンの管理会計システム

　施主の経営危機に対するゼネコンの債権保全策については，経営危機の時期を施工中と竣工引渡時に分けて考え，これらを債権保全策のひとつとして工事請負契約締結時に覚書等の中で締結する必要がある。債権保全策と覚書の内容は以下のとおりであるが，あくまでも試案であることをあらかじめお断りしておく。

　まず，融資銀行が抵当権を設定している施工中のマンションの土地部分について，ゼネコンが抵当権を融資銀行の次順位で設定する。不測の事態の際，融資銀行が任意に土地を処分できないようにするためである。

　また，施主の事情により当該事業の継続が困難であるとゼネコンが判断した場合は，施主はゼネコンと協議の上，ゼネコンが承認する第三者に発注者としての地位を承継する。その際，ゼネコンは責任をもって受注物件を完成させるものとする。

　次に，施主からの工事代金の支払いは，手形を廃止して工事着工時，上棟時，竣工引渡時の現金払いを基本とする。施主の販売状況や資金繰りの都合，あるいは取り下げ条件により竣工引渡時に現金の支払いが全額実行されない場合は，施主は当該マンションについて表示登記を行った上で，未払い金額相当分の未販売住戸について保存登記に必要な書類一式をゼネコンに預託することを了承する。その後，販売の都度，ゼネコンは個別決裁により書類一式と引き替えに現金を受け取るものとする。

　これら施策により，施工中に施主が経営危機に陥ったとしても事業は承継されるし，竣工引渡後に施主が経営危機に陥っても，ゼネコンは未販売住戸の所有と販売を通じて資金回収をすることで工事債権は保全される。なお，経営破綻後の保存登記は困難であるのでゼネコンは注意深く施主の経営状況を把握し，必要であれば早めに保存登記を実施する必要がある。

　ゼネコンが預託を受ける保存登記に必要な書類一式とは，建物と土地の所有者が同じ場合は，所有権譲渡証明書兼承諾書並びに登記原因証明情報，印鑑証明書，資格証明書，固定資産税評価証明書（土地，建物，部屋ごと）である。また，建物と土地の所有者が異なる場合は，権利証（または登記識別情報），登記

第8章 施主に対する与信管理と債権保全策の制度化について

原因証明情報，委任状，印鑑証明書，資格証明書である。施主の経営状態によっては，他の所有物件も含めて抵当権を設定するケースもある。抵当権設定登記に必要な書類とは，権利証（または登記識別情報），登記原因証明情報，委任状，印鑑証明書，資格証明書，固定資産税評価証明書である。

　上記の債権保全策を工事請負契約締結時に覚書等の中で締結すると，ゼネコンは，施工中，竣工引渡後，いずれの場合でも施主の突然の経営危機に伴う多額の損失負担を回避することができる。もっとも，債権保全の見返りに未販売住戸を所有することになる場合は，自ら販売を通じて資金回収をする必要が生じるが，事業リスクのヘッジの観点からは工事代金未回収に伴う多額の損失負担とは比較にならない。

　しかし，最大の課題は，施主がこうした債権保全策に関する覚書の締結に同意するか否かである。施主とゼネコンとのこれまでの商慣行，発注者と請負業者との関係を考えると，施主が経営再建中である場合や施主とゼネコンが特別な協力関係にあるような場合を除いて債権保全策の同意は相当困難であると想像できる。しかも，受注競争が激化している状況の中で，ゼネコンの方から施主に対してこのような債権保全策を言い出せないのが現状である。

　とはいえ，銀行は融資に際して土地に抵当権を設定しており一応の債権保全が図られているが，ゼネコンについては品質と工期を厳守して引渡したものの，施主の経営危機に伴う多額の損失負担の発生や，最悪の場合は連鎖倒産に追い込まれていることも事実である。こうした状況を総合的に勘案すると，利害関係者相互の信頼関係に基づいた債権保全策の締結についての制度化が早急に検討されるべきである。なお，制度化とは法規制等の一般に公正妥当とされるルールの策定を想定している。

　また，同様に，施主の立場からのゼネコンの経営危機に対する対応についても，ゼネコンが誠意をもって第三者に施工を継承するなどの措置を覚書等に記載することが公平性を担保するためにも必要である（図表8-1，図表8-2）。

(図表8-1) 覚　　書　（案）

覚　書　（案）

　「○○○○」新築工事の請負契約に係る請負代金を担保するために，「1．丙の次順位の抵当権を設定すること」，「2．注文者としての地位の承継」，「3．竣工引渡時に現金の支払いが実行されない場合の措置」，「4．乙が経営危機に陥った場合の施工の承継」について以下に明記する。

1．丙が抵当権を設定している甲の所有する本件土地について，乙が抵当権を設定する。但し，抵当権の順位は丙が本件土地に設定した抵当権の次順位とする。

2．甲の事情により当該事業の継続が困難であると乙が判断した場合は，甲は乙と協議の上，乙が承認する第三者に発注者としての地位を承継する。その際，乙は責任をもって受注物件を完成させるものとする。

3．竣工引渡時に現金の支払いが全額実行されない場合，甲は本物件について表示登記を行った上で，未払い金額相当分の未販売住戸について保存登記に必要な書類一式を乙に預託することを了承する。その後，販売の都度，乙は個別決裁により書類一式と引き替えに現金を受け取るものとする。

4．乙が経営危機に陥った場合は，乙は甲と協議の上，誠意をもって第三者に施工を継承する。

甲：施主

乙：ゼネコン

丙：融資銀行

第8章　施主に対する与信管理と債権保全策の制度化について

(図表8−2)　施主に対する与信管理と債権保全策（まとめ）

項　　目	内　　　　容
施主に対する与信管理	ゼネコンにおいては，受注前に施主の与信に関する顧客調査を実施するのが一般的である。
	当社では民間の調査機関と契約して，施主の会社概要や事業内容，複数年度の財務内容，調査機関が算定する施主の評価点などを取得して与信に関する健全性を判断している。
	担当の営業マンはできる範囲で施主の経営情報の収集に努めるとともに，守秘義務の関係で難しいが金融機関をはじめとした施主の取引先への問い合わせを実施する場合もある。
施主に対する債権保全策	顧客調査は施主の過去の経営成績に基づいているため，これだけでは急激な環境変化に伴う経営悪化には対応できず十分な対策とは言えない。
	ゼネコンの債権保全策については，施主の経営危機の時期を施工中と竣工引渡時の2つに分けて考え，工事請負契約締結時に覚書等の中で締結する必要がある。
	まず，融資銀行が抵当権を設定している施工中のマンションの土地部分について，ゼネコンが抵当権を融資銀行の次順位で設定する。次に，施主の事情により当該事業の継続が困難であるとゼネコンが判断した場合は，施主はゼネコンと協議の上，ゼネコンが承認する第三者に発注者としての地位を承継する。その際，ゼネコンは責任をもって受注物件を完成させるものとする。さらに，施主からの工事代金の支払いは，手形を廃止して着工時，上棟時，竣工引渡時の現金払いを基本とする。施主の販売状況や資金繰りの都合，あるいは取り下げ条件により竣工引渡時に現金の支払いが全額実行されない場合，施主は当該マンションについて表示登記を行った上で，未払い金額相当分の未販売住戸について保存登記に必要な書類一式をゼネコンに預託することを了承する。その後，販売の都度，ゼネコンは個別決裁により書類一式と引き替えに現金を受け取るものとする。

むすび

　第Ⅲ部では，ゼネコンの経営環境と事業構造などについて述べた後，ゼネコンにおける管理会計システムの充実や施主に対する与信管理と債権保全策について述べてきた。施主に対する与信管理と債権保全策は，突然の多額の損失負担を回避するためにとりわけ重要であり，管理会計システムの充実とともに健全なゼネコン経営の両輪であると考えている。債権保全策については，これまでの商慣行から各社単独での締結が難しいと想定されるので法規制等の制度化が切望されるところである。また，受注産業としてのゼネコンがコスト競争力の向上や効率的な組織運営などにより安定した収益基盤を確立するためには，管理会計システムや経営管理手法の充実に加えて所要利益の維持・拡大を目的としたM＆Aなどの手法による事業規模の拡大やゼネコン業界の再編なども視野に入れた経営政策の展開が今後の経営課題として考えられる。

【参考文献】
田中隆雄（2002）『管理会計の知見（第2版）』森山書店
門田安弘編著（2003）『管理会計学テキスト（第3版）』税務経理協会
櫻井通晴（2009）『管理会計　第四版』同文舘出版
小林哲夫（1993）『現代原価計算論』中央経済社
加登　豊・山本浩二（1996）『原価計算の知識』日本経済新聞社
丸田起大（2005）『フィードフォワード・コントロールと管理会計』同文舘出版
加登　豊（1999）『管理会計入門』日本経済新聞社
谷　武幸（2011）『エッセンシャル管理会計　第2版』中央経済社

【初　出】
片岡健治（2010）「経営計画・予算体系の充実と原価企画の援用の試み－民営鉄道系ゼネコンの事例－」
　　　　　　　夏季号『建設業の経理』No.52　清文社
片岡健治（2013）「建設業における与信管理と債権保全策の制度化について」
　　　　　　　冬季号『建設業の経理』No.62　清文社

おわりに

　本書では，管理会計の先行研究を踏まえて，大手民鉄とゼネコンの管理会計システムについて，これまでの実務経験と公表してきた論文にもとづいて論述してきた。まず，第Ⅰ部　管理会計概説では，「1　管理会計の概要とPDCAサイクル」と「2　コスト・マネジメント概説」のテーマで先行研究をレビューした。その上で，第Ⅱ部　大手民鉄の管理会計システムでは，大手民鉄の概要と特徴について説明した後，その管理会計システムについて，大手民鉄15社に実施した「アンケート調査」の結果に触れながら述べた。具体的には，①経営計画及び予算の策定とPDCAサイクル，②経営計画と予算における目標数値，③各部門への責任利益の配賦，④グループ経営管理と権限委譲，撤退基準，⑤業績評価の各項目でポイントをまとめた。そして最後にバランスト・スコアカード導入の可能性について検討した。また，第Ⅲ部　ゼネコンの管理会計システムでは，ゼネコンの概要と特徴について説明した後，その管理会計システムについて述べた。具体的には，①経営計画と予算体系の充実に向けたPDCAサイクルに関連する各項目について述べ，また，②価格競争力と粗利益の確保を目的とした原価企画の考え方の援用による工事原価管理体系の改革について述べた。さらに，スムーズな資金回収の観点から健全なゼネコン経営の柱である「施主に対する与信管理と債権保全策」についても説明した。

　以上の論述において，経営環境が大きく変わる中で管理会計システムの現状と事業への役立ち，あるいは今後の課題について，それぞれの事業構造の違いと関連させながら述べた。

　こうした管理会計システムの研究を通じて，大手民鉄とゼネコンの今後の経営課題も明らかになってきた。大手民鉄においては，損益構造やバランスシート，あるいはキャッシュフローに対して管理会計システムを十分に機能させるにとどまらず，経営環境が大きく変化する中で収益基盤のテコ入れと他の産業

と比較して高い有利子負債依存度の引き下げを目的とした事業全体の抜本的な再編や将来的には業界の見直しなどが検討課題であると考えられる。また，受注産業としてのゼネコンがコスト競争力の向上や効率的な組織運営などにより安定した収益基盤を確立するためには，経営環境に応じてM＆Aなどの手法による事業規模の拡大やゼネコン業界の再編なども視野に入れた経営政策の展開が今後の検討課題として想定される。

　このように大手民鉄とゼネコンの管理会計システムの研究を通じて管理会計の重要性を認識するにいたったが，今後は，想定される経営課題について管理会計の立場からの積極的なアプローチが必要になろうと考えられる。

　平成25年6月

片岡　健治

索　引

[欧文]

ＡＢＣ……………………………7,48
ＡＢＭ…………………………30,48
ＢＳＣ……………………………… 7
CFROI………………………24,25
ＣＩＭ……………………………46
Ｃ－Ｖ－Ｐ分析…………………6,44
ＤＣＦ法………………………24,26
EBITDA…………………………25
ＥＶＡ……………………………22
ＦＭＳ……………………………46
ＧＭ……………………………… 4
ＪＩＴシステム…………………46
PDCAサイクル…………4,10,78,124
ＲＩ………………………………22
ＲＯＡ………………………19,22
ＲＯＥ……………………………19
ＲＯＩ……………………………… 4
SWOT分析………………………98
ＴＱＣ……………………………46
ＶＥ……………………………7,47

[あ行]

アウトプット……………………12
粗利益（率）……………………113
アルフレッド・チャンドラー……97
安全性………………………33,36
アンソニー………………………15
アンゾフ…………………………97
意思決定………………………4,29
意思決定会計……………………25
因果連鎖………………………8,28

インタレスト・カバレッジ・レシオ……37
インテグレーテッド・コスト
　マネジメント…………………40
インプット………………………12
インベストメント・センター……15,17
請負工事高………………………113
受取手形…………………………134
売上総利益率……………………19
売上高………………………21,22
売上高営業利益率………………25
運賃制度…………………………94
大手ゼネコンの業績推移………114
大手民鉄…………………………51
大手民鉄の管理会計システム……77
大手民鉄の経営成績……………54
大手民鉄の経営戦略と組織……103
大手民鉄の新会計基準への対策…67
大手民鉄の輸送人員……………54
大手民鉄の旅客運輸収入………54

[か行]

回収期間法……………………24,26
外部失敗原価…………………… 8
科学的管理法…………………… 4
課業管理………………………… 4
学習と成長の視点………8,28,89
加重平均資本コスト……………23
価値創造………………………… 8
価値連鎖………………………… 8
価値連鎖分析…………………… 7
活動……………………………… 7
活動原価………………………… 8
活動消費量……………………… 8

143

株主重視················21, 23	原価企画············7, 46, 128
借入金依存度················37	原価構成··················7
借入比率··················23	原価作用因··················7
完成工事総利益············126	減価償却費········22, 24, 25
間接費····················7	原価低減··················7
カンパニー長················18	原価比較法················25
管理会計····················4	権限····················14
管理可能固定費··············16	権限委譲··············15, 83
管理可能利益················16	現在価値法················26
管理費用··················18	建設業許可業者数··········110
管理不能事業部固定費········16	建設資材価格指数··········112
機会原価··················23	建設投資額················110
期間原価····················6	原投資額··················26
企業価値··················23	貢献利益····················6
期待リターン················24	工事請負契約··············136
キャッシュフロー··········18, 24	購買発注差益········113, 128
キャプランとノートン········28	子会社化··················14
業績管理··················17	顧客調査··················135
業績指標··················17	顧客の視点··········8, 28, 89
業績評価············21, 85, 126	コスト・コントロール········6
業績評価会計················21	コスト・センター············15
業績評価基準················19	コスト・マネジメント········40
業績評価指標··················4	固定製造原価················6
競争入札··················112	固定長期適合率··············36
競争優位の戦略··············98	固定費··················4, 45
業務プロセスの視点······8, 28, 89	固定比率··················36
経営管理プロセス············10	個別決済··················136
経営計画··········10, 78, 124	[さ行]
経営計画書··················4	
経営戦略············4, 10, 97	債権保全策················135
経営戦略論··················97	差異分析··················42
経営組織··················14	財務会計····················4
経常利益··············19, 21	財務諸表分析················33
経常収支比率················36	財務の視点··········8, 28, 89
限界利益····················6	策定単位··············78, 124
原価管理····················7	残余利益················6, 23

索　引

事業活動……………………………28
事業システムの差別化………… 100
事業部売上高………………………16
事業部業績…………………………16
事業部業績の測定…………………16
事業部業績の評価…………………16
事業部限界利益……………………16
事業部貢献利益……………………16
事業部使用資本……………………15
事業部使用資本利益率……………17
事業部制………………………14, 17
事業部制組織……………… 4, 14, 15
事業部変動費………………………16
資源…………………………………7
資源作用因…………………………7
自己資本純利益率…………………35
自己資本比率………………………36
資産効率……………………………18
仕損…………………………………8
実績値………………………………4
シナジー効果…………………… 103
資本回転率…………………………22
資本回収費…………………………25
資本コスト……………………19, 23
資本調達コスト……………………17
資本的支出…………………………25
資本利益率……………………… 4, 34
社内借入金…………………………18
社内カンパニー制……………14, 18
社内金利控除後利益………………22
社内金利制度………………………17
社内資本金…………………………18
社内資本金制度……………………17
シャンク＝ゴビンダラジャン…8, 48
収益性…………………………33, 34
収益的支出…………………………25

受注工事高…………………113, 126
受注産業………………………… 112
受注時粗利益…………………… 113
受注前審査会議………………… 129
取得コスト…………………………8
純金利負担率………………………37
上限認可制…………………………94
使用コスト…………………………8
使用資産……………………………22
消費…………………………………7
少品種大量生産……………………6
情報的経営資源………………… 102
職能別組織……………………14, 15
新会計基準…………………………67
シングルループ・フィードバック…11
スタッフ部門………………………10
ステークホルダー…………………4
生産性…………………………33, 35
製造間接費の差異分析……………42
税引き後営業利益…………………23
税引き後当期利益…………………19
製品…………………………………7
製品原価低減………………………8
責任……………………………14, 15
責任会計制度………………………18
責任利益……………………………81
責任利益の配賦……………………81
セグメント…………………………62
セグメント情報……………………21
是正措置……………………………11
設備生産性…………………………36
設備投資………………………22, 25
ゼネコンの事業構造…………… 112
戦略的コスト・マネジメント…8, 48
戦略マップ……………………28, 29
総括原価方式………………………94

145

操業費……………………………………25
総資本事業利益率………………………34
総投資額…………………………………25
組織全体への統合化……………………15
租税公課…………………………………25
損益分岐点売上高………………………46
損益分岐点分析…………………………44

[た行]

多角化戦略……………………………103
棚卸資産原価……………………………6
多品種少量生産…………………………6
ダブルループ・フィードバック………12
短期利益計画……………………………15
長期利益計画……………………………15
調整と査定………………………………10
直接原価…………………………………6
直接原価計算…………………………6,44
直接工事原価………………………113,119
直接材料費の差異分析…………………42
直接作業時間……………………………7
直接労務費……………………………7,42
直接労務費の差異分析…………………42
抵当権……………………………134,136
テイラー…………………………………4
撤退基準…………………………………83
鉄道事業営業費…………………………60
デュポン社………………………………4
当期純利益………………………………21
動作・時間研究…………………………4
当座比率…………………………………36
投資効率…………………………………23
投資責任…………………………………18
投資中心点………………………………18
投資利益率…………………………18,21,22
投資利益率法……………………………25

土地再評価法……………………………67
トップ・マネジメント…………………15
取り下げ条件…………………………134

[な行]

内部失敗原価……………………………8
内部利益率法……………………………26
値引き……………………………………8
年額原価…………………………………25
能率管理…………………………………6

[は行]

配賦基準…………………………………7
破棄コスト………………………………8
バランスシートの健全化………………72
バランスト・スコアカード………7,28,89
汎用的な戦略パターン…………………29
非財務指標…………………………85,126
評価原価…………………………………8
表示登記………………………………136
標準原価計算…………………………4,41
標準原価管理……………………………6
標準原価計算制度………………………41
標準製造間接費…………………………42
標準値……………………………………4
標準直接原価計算……………………6,44
標準直接材料費…………………………41
標準直接労務費…………………………42
品質管理…………………………………21
品質原価計算…………………………7,8
品質原価…………………………………8
品質原価低減……………………………8
フィードバック…………………………10
フィードフォワード……………………12
フォローアップ……………10,78,126,130
負債比率…………………………………36

フリーキャッシュフロー……………25
フロー経営………………………73
プロフィット・センター……………15
分権的意思決定…………………15
分社化……………………………73
平均投資額………………………25
平均投資利益率…………………25
変動費…………………………4, 45
変動予算…………………………4
返品………………………………8
保存登記………………………136
本部費・共通費の配賦…………16
本部費・共通費配賦額…………16

[ま行]

マイケル・ポーター………………98
埋没原価…………………………25
マネジメント・コントロール・
　システム………………………19
見積原価………………………113
ミンツバーグ………………………98
目標管理制度……………………85
目標原価…………………………47
目標数値……………………79, 124
目標予算………………………112
目標利益………………………112

持株会社…………………………18

[や行]

ヤードスティック方式……………95
有利子負債依存度…………64, 80
有利子負債返済年数……………37
要求リターン……………………24
予算…………………10, 78, 124
予算管理………………………4, 7
予算書……………………………4
与信管理………………112, 134
4つの視点……………………8, 28
予定一括配賦……………………16
予防原価…………………………8

[ら行]

ライフサイクルコスティング……7, 8, 49
利益計画…………………………6
流動比率…………………………36
レベニュー・センター……………15
連結重視…………………………21
労働生産性………………………35

[わ行]

割引キャッシュフロー法…………6

著者紹介

片岡　健治（かたおか　けんじ）

1960年　高知県出身
1984年　立命館大学産業社会学部卒業
2003年　大阪府立大学大学院経済学研究科博士前期課程修了　修士（経済学）
2006年　大阪府立大学大学院経済学研究科博士後期課程単位取得退学
所属学会：日本管理会計学会，日本原価計算研究学会，公益事業学会
論　　文：「連結経営における業績評価会計」2003年（大阪府立大学　修士論文）
　　　　　「民営鉄道の管理会計システム」2008年『企業会計』Vol.60　No.11　中央経済社
　　　　　「経営計画・予算体系の充実と原価企画の援用の試み－民営鉄道系ゼネコンの事例－」
　　　　　　　　　　　　　2010年夏季号『建設業の経理』No.52　清文社
　　　　　「建設業における与信管理と債権保全策の制度化について」
　　　　　　　　　　　　　2013年冬季号『建設業の経理』No.62　清文社
現在，（一財）会計教育研修機構　近畿実務補習所や帝塚山大学で特別講義を行っている。

著者との契約により検印省略

平成25年7月25日　初版第1刷発行

管理会計の理論と実務
－大手民鉄とゼネコンの管理会計システム－

著　者　片　岡　健　治
発行者　大　坪　嘉　春
印刷所　税経印刷株式会社
製本所　株式会社　三森製本所

発行所　〒161-0033　東京都新宿区下落合2丁目5番13号　株式会社　税務経理協会
振替　00190-2-187408　　　電話（03）3953-3301（編集部）
FAX（03）3565-3391　　　　　　（03）3953-3325（営業部）
URL　http://www.zeikei.co.jp/
乱丁・落丁の場合は，お取替えいたします。

© 片岡健治 2013　　　　　　　　　　　　　　　　　　　　Printed in Japan

本書を無断で複写複製（コピー）することは，著作権法上の例外を除き，禁じられています。
本書をコピーされる場合は，事前に日本複製権センター（JRRC）の許諾を受けてください。
JRRC〈http://www.jrrc.or.jp　eメール：info@jrrc.or.jp　電話：03-3401-2382〉

ISBN978-4-419-06009-1　C3063

管理会計の基礎
理論と実践
〔第4版〕

著者代表　上埜　進
杉山善浩　　島　吉伸
窪田祐一　　吉田栄介

Ａ５判・上製カバー掛け・368頁
定価　3,570円（税込）

ビジネス社会の共通言語である管理会計における今日的な概念，技法，実践を図表やコラムを多様して簡潔に説く本書は，初学者を易しくその世界に導く恰好の学部教科書である。

§主な目次§

第1部　管理会計の基礎
　　第1章　企業経営と会計
　　第2章　財務諸表の読み方
　　第3章　原価計算の基礎
第2部　プランニングとコントロール
　　第4章　経営戦略と経営計画の策定
　　第5章　短期利益計画とＣＶＰ分析
　　第6章　予算管理
　　第7章　意思決定のための関連収益・原価分析
　　第8章　設備投資の意思決定
　　第9章　原価管理の方法
　　第10章　ＡＢＣとＡＢＭ
　　第11章　戦略的コストマネジメントの方法
第3部　経営革新下の管理会計システムデザイン
　　第12章　分権制組織の会計管理
　　第13章　情報システムと管理会計
　　第14章　価値創出経営

工業簿記・原価計算の基礎
理論と計算
〔第2版〕

上埜 進 編著
川島和浩　島田美智子　島 吉伸　真部典久
北村浩一　井岡大度　緒方 勇

B5判・並製カバー掛け・304頁
定価　2,940円（税込）

記帳・計算練習をたくさん盛り込む本書は，学部やアカウンティング・スクールで，はじめて「工業簿記」，ないし「原価計算」を学ぶ学生の正統的なワークブックであり，日商簿記検定試験2級工業簿記の出題範囲を網羅している。

§主な目次§

第1章　工業簿記・原価計算の基礎
第2章　材料費の計算
第3章　労務費の計算
第4章　経費の計算
第5章　製造間接費の計算
第6章　部門別計算
第7章　個別原価計算
第8章　総合原価計算Ⅰ
第9章　総合原価計算Ⅱ
第10章　工業経営における財務諸表
第11章　本社・工場会計
第12章　標準原価計算Ⅰ
第13章　標準原価計算Ⅱ
第14章　直接原価計算Ⅰ
第15章　直接原価計算Ⅱ

原価計算の基礎
理論と計算
〔第2版〕

著者代表　上埜　進
長坂悦敬　　杉山善浩

A5判・上製カバー掛け・376頁
定価　3,360円（税込）

標準テキストである本書は，原価計算の世界をバランスよく学べるように基礎的項目を網羅し，かつ，例題を多様している。工業簿記や経営意思決定との係わりにも配慮した。

§主な目次§

第1章　原価計算総論
第2章　材料費・労務費・経費および製造間接費の計算
第3章　部門費計算
第4章　個別原価計算
第5章　総合原価計算
第6章　工程別総合原価計算
第7章　標準原価計算
第8章　製造業の会計
第9章　原価予測とCVP分析
第10章　直接原価計算
第11章　営業費計算
第12章　意思決定会計
第13章　原価計算の新領域